I0466534

Ana Isabel Torres

¡Adiós Renta Tradicional!

Conquista el Mercado con Estrategias Innovadoras de Alquiler por Habitación

¡Adiós Renta Tradicional!

Conquista el Mercado con Estrategias Innovadoras de Alquiler por Habitación

© Ana Isabel Torres

ISBN: 9798333003782

Registro Safe Creative: 2406148243138

Primera Edición Julio de 2024

Diseño y formación

SAMARIBA BOOKS | Alfredo Ríos Gómez

Todos los derechos reservados. No se permite la reproducción total o parcial de este libro, ni su incorporación a un sistema informático, ni su transmisión en cualquier forma o por cualquier medio, ya sea electrónico, mecánico, fotocopia, grabación u otros, sin autorización expresa y por escrito del autor. La información, la opinión, el análisis y el contenido de esta publicación es responsabilidad del autor.

Agradecimientos

Quiero dedicar estos párrafos a todas las personas que han sido fundamentales en mi vida y en mi trayectoria como emprendedora. Agradezco profundamente a mi madre, una mujer extraordinaria y luchadora, que a pesar de todas las dificultades logró sacar adelante una familia numerosa con admirable fortaleza. Ella me enseñó desde pequeña el valor del trabajo arduo, la responsabilidad, la honestidad y la importancia de tener lo propio. Su ejemplo ha sido mi guía y mi inspiración a lo largo de los años.

Agradezco también a mi padre por su amor incondicional y su apoyo constante. Su cariño y sabiduría han sido pilares fundamentales en mi vida, brindándome siempre su aliento y confianza para perseguir mis sueños.

A mi hijo, quien ha sido mi mayor motivación y la fuerza impulsora detrás de cada paso que he dado. Su amor y su alegría han iluminado mi camino y me han dado la determinación necesaria para enfrentar cualquier desafío.

No puedo dejar de expresar mi gratitud a las adversidades de la vida, pues han forjado mi carácter y me han dado la oportunidad de demostrarme a mí misma de lo que soy capaz. Cada obstáculo superado me ha hecho más fuerte y me ha llevado un paso más cerca de mis metas.

A mi familia, mi pilar más sólido, les agradezco por su in-condicional apoyo, por sus muestras de cariño y por ser mi fuente constante de amor y alegría. Sus risas contagiosas y su compañía han sido mi mayor impulso para seguir adelan-te incluso en los momentos más difíciles.

En resumen, a todas estas personas que han dejado una huella imborrable en mi vida, les dedico este profundo agra-decimiento. Sin su amor, apoyo y ejemplo, no estaría donde estoy hoy. Que su luz siga iluminando mi camino en cada paso que dé.

ÍNDICE

Prólogo

¡Bienvenidos a una nueva era en el mercado inmobiliario! En un mundo donde la flexibilidad, la eficiencia y la adaptabilidad son clave, el alquiler tradicional de propiedades está siendo desafiado por modelos más innovadores y dinámicos. Es en este contexto que nace *¡Adiós Renta Tradicional! Conquista el Mercado con Estrategias Innovadoras de Alquiler por Habitación*, una guía diseñada para quienes desean explorar y dominar el emocionante mercado de alquiler por habitación.

Este libro surge de la necesidad de ofrecer soluciones prácticas y efectivas para propietarios, inversionistas y administradores de inmuebles que buscan maximizar sus ingresos y optimizar el uso de sus propiedades. El modelo de alquiler por habitación no solo responde a las necesidades de un público cada vez más diverso y exigente, sino que también representa una oportunidad única para generar ingresos adicionales, minimizar los riesgos y fomentar un sentido de comunidad entre los inquilinos.

¡Adiós Renta Tradicional! se construye sobre la base de años de experiencia y estudios de casos reales, proporcionando estrategias claras y detalladas que van desde la planificación inicial del proyecto hasta la gestión diaria de los inquilinos. A lo largo de estas páginas, encontrarás una guía paso a paso para cada aspecto del proceso: desde la distribución

del espacio y el equipamiento de las áreas comunes y privadas, hasta la gestión de contratos, políticas de convivencia y resolución de conflictos.

Entre los temas destacados de este libro, aprenderás:

- Cómo diseñar y distribuir eficientemente el espacio para maximizar la capacidad y la comodidad de las habitaciones.

- Estrategias de precios y rentabilidad que te permitirán establecer tarifas competitivas y sostenibles.

- Técnicas de marketing y captación de inquilinos, utilizando tanto métodos tradicionales como digitales.

- Herramientas de gestión y mantenimiento para asegurar que tu propiedad siempre esté en óptimas condiciones.

- Políticas y procedimientos claros para la gestión de quejas, emergencias, y control de acceso, garantizando la seguridad y la armonía en la convivencia.

Además, compartimos casos de estudio y ejemplos prácticos que ilustran cómo otros propietarios han implementado estas estrategias con éxito, ofreciendo valiosas lecciones y consejos para aplicar en tu propio proyecto.

El mercado de alquiler por habitación es dinámico y está en constante evolución. Este libro no solo te proporcionará las herramientas y conocimientos necesarios para ingresar a este mercado con confianza, sino que también te inspirará a innovar y adaptar tus estrategias para mantenerte a la vanguardia.

Agradecemos tu Interés en transformar tu enfoque de alquiler y te invitamos a embarcarte en este viaje hacia la conquista del mercado con estrategias innovadoras de alquiler por habitación. ¡El éxito está a tu alcance, y este libro es tu guía para lograrlo!

Bienvenidos a *¡Adiós Renta Tradicional! Conquista el Mercado con Estrategias Innovadoras de Alquiler por Habitación.*

Con entusiasmo y dedicación,

Ana Isabel Torres

PARTE I

Para quién es este libro

Este libro está diseñado para abordar las necesidades y preocupaciones de una amplia gama de personas que desean explorar el mundo del alquiler por habitación y sacar el máximo provecho de sus propiedades. Está especialmente dirigido a:

El Propietario de un inmueble que desconoce sus oportunidades: Muchos propietarios de inmuebles desconocen que tienen una valiosa fuente de ingresos a su disposición a través del alquiler de espacios. Si eres propietario y aún no has considerado la posibilidad de obtener ingresos adicionales, este libro te abrirá los ojos a las oportunidades que tienes frente a ti. Aprenderás cómo transformar tu propiedad en una máquina generadora de ingresos de manera efectiva y sin sobresaltos.

El dueño de vivienda que teme por su propiedad: Este libro también está dirigido a los dueños de viviendas que saben que podrían obtener ingresos mediante el alquiler, pero les preocupa la posibilidad de tener inquilinos que no cuiden adecuadamente su casa o quieran quedarse con ella.

Es comprensible que surjan preocupaciones sobre el mantenimiento y la protección de la propiedad. Aquí encontrarás estrategias y consejos para proteger tu hogar mientras generas ingresos adicionales de manera inteligente y segura.

Arrendadores que buscan maximizar sus ingresos: Es para aquellos que ya están en el negocio del alquiler y reciben dinero por rentas, pero sienten que aún no están obteniendo el máximo provecho de sus propiedades. Este libro ofrece técnicas y enfoques probados para optimizar tus ingresos. Descubrirás cómo sacar el máximo provecho de cada espacio disponible, establecer precios competitivos, atraer a los inquilinos adecuados y mantener una gestión eficiente que maximice tus ganancias.

El Inversionista novato en el negocio del hospedaje: Por último, pero no menos importante, este libro es esencial para los inversionistas que desean iniciarse en el negocio del hospedaje para obtener ingresos pasivos y aumentar su patrimonio. Si eres nuevo en el mercado inmobiliario y estás considerando el alquiler por habitación como una opción de inversión, aquí encontrarás una guía detallada sobre cómo empezar, qué considerar al elegir propiedades, cómo gestionarlas eficazmente y cómo hacer crecer tu cartera de manera segura y rentable.

En resumen, *¡Adiós Renta Tradicional! Domina el Mercado con Estrategias Innovadoras de Alquiler por Habitación* es una guía completa y detallada para propietarios, dueños de viviendas, arrendadores e inversionistas que desean aprovechar al máximo el potencial de sus propiedades en el mercado del alquiler por habitación. A lo largo de este libro, exploraremos diversas estrategias, consejos prácticos y casos de éxito para inspirarte y ayudarte a alcanzar tus metas financieras y de inversión en el emocionante mundo del alquiler por habitación. No importa en qué punto te encuentres en tu camino hacia el éxito inmobiliario, este libro está aquí para ser tu guía confiable y tu compañero de viaje en este apasionante mundo del mercado inmobiliario.

Transforma tu enfoque, si yo pude, tú también puedes

En lo más profundo de mi memoria, perdura el recuerdo de aquellos días de infancia, días marcados por la alegría despreocupada y la escasez que siempre parecían estar presentes. Provengo de una familia numerosa, éramos ocho hermanos, y aunque la abundancia monetaria no era parte de nuestra realidad, el amor y el sacrificio de nuestros padres lo llenaban todo.

Mis padres, incansables trabajadores, se esforzaron día a día por brindarnos lo mejor que pudieron, pero las carencias económicas siempre nos recordaban que éramos una familia de recursos modestos. Recuerdo claramente cómo, en lugar de juguetes, nuestras aventuras se centraban en jugar al aire libre y escaparnos hacia un río cercano.

Ese río, con sus aguas caudalosas y corrientes rápidas, era nuestro oasis de diversión en medio de la austeridad. Las piedras que bordeaban sus orillas eran nuestros trampolines naturales, desde donde nos lanzábamos sin miedo al agua fresca y cristalina de ese entonces. Era un paraíso que escapaba a la mirada de los adultos, un lugar donde la preocupación se disipaba y solo quedaba la emoción del momento.

Sin embargo, cada regreso a casa estaba marcado por el regaño y la vara de nuestros padres, quienes con amor y temor nos enseñaban la importancia de la prudencia y la responsabilidad. A pesar de sus advertencias, nuestra juventud nos impulsaba a volver una y otra vez al río, incapaces de resistir la tentación de aquellos momentos de felicidad despreocupada.

Ahora, en retrospectiva, comprendo la sabiduría detrás de las palabras de mis padres. Reconozco lo inconscientes que éramos en nuestra búsqueda de diversión, y la valiosa lección que aprendimos sobre los límites y las consecuencias de nuestras acciones. Aquellos días de travesuras y trampolines naturales nos enseñaron más de lo que podríamos haber imaginado en ese momento, y sentaron las bases para una comprensión más profunda de la vida y sus desafíos.

Es en este contexto, entre las risas y los regaños, entre la imprudencia y la enseñanza, fue que se gestó mi pasión por desafiar lo convencional y buscar nuevas formas de alcanzar el éxito. Esas experiencias, junto con la determinación y el amor de mi familia, son el cimiento sobre el cual construí mi visión única del mundo y mi enfoque disruptivo hacia el mercado inmobiliario.

Los días de lluvia en Chiapas eran un espectáculo único, un evento que transformaba el paisaje y nuestras vidas por igual. Cuando las nubes se abrían y el agua caía en torrentes sobre nuestra tierra, era como si el cielo mismo nos invitara a bailar bajo su refrescante abrazo.

Recuerdo con cariño cómo, sin importar la intensidad del aguacero, nos aventurábamos a salir a las calles para sumergirnos en la lluvia. Era una sensación de libertad indescriptible, el agua cayendo a cántaros sobre nosotros, lavando nuestras preocupaciones y alimentando nuestra alegría.

Pero, como era de esperar, nuestras travesuras no estaban exentas de riesgos. Las chanclas, nuestras fieles compañeras en cada paso, a menudo eran víctimas de la furia de la corriente. A veces lográbamos atraparlas antes de que desaparecieran en las rápidas aguas, pero en otras ocasiones, la naturaleza se imponía y las arrastraba más allá de nuestro alcance.

Y así, entre risas y regaños, entre juegos en el río y baños en la lluvia, transcurrieron los días de mi infancia. Aunque las camaras fotográficas eran un lujo reservado para unos pocos privilegiados en aquellos tiempos, las imágenes de esos momentos perduran vívidamente en mi mente, como si estuvieran grabadas en el álbum de los recuerdos más preciados.

Mi vida siguió su curso, sin grandes contratiempos, pero siempre impregnada de la magia de esos días de inocencia y aventura. Cada experiencia, cada desafío, moldeó mi carácter y fortaleció mi determinación para enfrentar los desafíos que el destino me depararía en el futuro.

La vida, caprichosa y a veces implacable, no tardó en lanzarme al centro de una tormenta de adversidades. El fallecimiento de mi hermana y mi madre, el desconcierto provocado por la desaparición del padre de mi hijo, los tropiezos en el terreno de los negocios y las batallas legales que amenazaban con devorar mi paz interior... todo ello se convirtió en un torbellino que amenazaba con arrastrarme hacia lo más profundo de la desesperación.

En medio de la oscuridad, luché por mantener viva la luz de la esperanza. Aunque la depresión intentaba aprisionarme en su abrazo frío y desalentador, supe que tenía que seguir adelante, por mí y por mi hijo, quien representaba mi mayor razón para no rendirme.

Con determinación y valentía, busqué una salida, una oportunidad que me permitiera reconstruir mi vida sobre los escombros de mis sueños rotos. Fue entonces cuando recordé mi fascinación por el mundo de los Bienes Raíces, una pasión latente que había estado esperando pacientemente en las sombras de mi alma.

Había leído algunos libros sobre el tema, pero ansiaba profundizar en mis conocimientos y aprender todo lo posible sobre este apasionante campo. Necesitaba ganar dinero, sí, pero no a costa de descuidar mi papel como madre. Fue así como decidí dar un salto de fe y embarcarme en una nueva aventura como agente inmobiliario en la reconocida empresa Coldwell Banker.

Con el tiempo, mi experiencia y mi determinación me llevaron a dar un paso más allá: decidí independizarme y crear mi propia marca en el competitivo mundo de los Bienes Raíces. Era un desafío monumental, pero estaba dispuesta a enfrentarlo con coraje y perseverancia.

El equilibrio entre la necesidad de ingresos regulares y la responsabilidad de criar a mi hijo me llevó a tomar un camino poco convencional. Acepté un empleo en una notaría, combinando esta labor con mi trabajo como agente inmobiliario, malabareando responsabilidades y horarios para poder atender todas mis obligaciones.

Fue en medio de esta vorágine de compromisos cuando tropecé con un video en YouTube que cambiaría el rumbo de mi vida. Descubrí el negocio de renta de habitaciones y su potencial para generar ingresos significativos con una inversión inicial mínima. Aquella revelación encendió una chispa en mi mente, una chispa de esperanza y posibilidad en un momento de incertidumbre financiera.

Aunque el dinero escaseaba, mi determinación estaba más fuerte que nunca. Decidí sumergirme de lleno en el estudio y la investigación, devorando libros, tomando cursos y asistiendo a todas las capacitaciones que mi presupuesto me permitía. Cada conocimiento adquirido era una herramienta más en mi arsenal, una oportunidad para acercarme un paso más a mi sueño de emprender en el negocio de alquiler de habitaciones.

Con el tiempo, reuní suficiente información y confianza para dar el siguiente paso. Convencí a un familiar cercano de la viabilidad de este negocio y le propuse la idea de adaptar una de sus propiedades para este fin. Para mi fortuna, aceptó mi propuesta, y juntos nos sumergimos en el proceso de transformar una casa en el escenario perfecto para nuestro emprendimiento.

Me involucré de lleno en cada etapa del proceso, desde el diseño de la estrategia hasta la gestión diaria del negocio. Mi compromiso y dedicación fueron recompensados con resultados prometedores, y al ver el éxito que estábamos logrando, no pude evitar pensar: "Yo también quiero este negocio".

Con el bagaje de conocimientos acumulados a lo largo de mi trayectoria, desde los libros hasta las experiencias vividas, decidí poner en práctica todo lo aprendido. Estructuré mi propia metodología, una estrategia sólida y eficaz para gestionar el negocio de alquiler por habitación de manera eficiente y rentable.

Con esta metodología en mente, di el gran paso de lanzar mi propio negocio: "Casa Margarita". Esta casa, con sus diez habitaciones amuebladas, se convirtió en el epicentro de mi visión emprendedora. Y pronto, gracias a la aplicación de mis secretos y estrategias, las habitaciones estaban usualmente rentadas durante todo el año, generando un flujo constante de ingresos.

El éxito de "Casa Margarita" me brindó una sensación de satisfacción y seguridad que nunca había experimentado antes. Ahora, finalmente, tenía el dinero suficiente para cubrir todos los gastos de la casa y aún me quedaba un ingreso pasivo que podía destinar a mis ahorros y a asegurar un futuro estable para mi hijo y para mí.

Pero mi espíritu emprendedor no se detiene ahí. Siempre estoy atenta, explorando los portales inmobiliarios en busca de nuevas oportunidades que pueda aprovechar para mi próximo negocio de rentas. Cada día es una nueva posibilidad, una nueva puerta que se abre hacia el éxito y la realización personal.

Así que aquí estoy, como una mamá soltera emprendedora que ha luchado con determinación y valentía para salir adelante. Mi historia es la prueba de que, con esfuerzo, perseverancia y una pizca de audacia, cualquier sueño puede convertirse en realidad. Y es con esa misma convicción que ahora te invito a unirte a mí en este emocionante viaje hacia el éxito en el mundo del mercado inmobiliario. Juntos, exploraremos nuevas fronteras, desafiaremos las expectativas y construiremos un futuro brillante lleno de oportunidades. ¡El futuro nos espera, listos para conquistarlo juntos!

Actualmente sigo dedicada a compartir mi experiencia con otros emprendedores y propietarios interesados en el alquiler por habitación. Mi visión es seguir expandiendo este enfoque innovador, no solo en México y América Latina, sino a nivel global, con el objetivo de empoderar a más personas a alcanzar el éxito en el mercado inmobiliario.

De deudora a emprendedora: Convirtiendo propiedades en verdaderas minas de oro

Gracias a esta metodología, ahora tengo el dinero suficiente para pagar todos los gastos de la casa y me da un ingreso pasivo que lo estoy ahorrando. Siempre estoy buscando en los portales inmobiliarios, puede ser que de pronto me tope con alguna oportunidad que pueda aprovechar para mi próximo negocio de rentas.

Yo estuve donde tú estás, con una propiedad que cada mes sacaba dinero de mi bolsillo, sin darme cuenta de que, frente a mí, tenía una verdadera mina de oro, que solo tenía que abrir mi mente para poder verla.

Quiero que veas esta historia de Dana. Una joven arquitecta que con dinero prestado dividió su casa de tan solo 56 metros cuadrados, de ahí sacó 5 habitaciones que se rentaron en las dos primeras semanas. Hoy sus rentas son 3 veces más altas que una renta tradicional.

Si Dana rentara la casa completa a una sola persona lo máximo que obtendría serían $4 550.00 pesos mientras que, con este sistema sus rentas se elevan a más de $15 000.00 pesos mensuales.

Mensaje de Dana:

Quiero agradecerte enormemente el apoyo recibido. Gracias a tu metodología, mi casa ha pasado de ser una propiedad 'regular', como suelo llamarla, a convertirse en un negocio próspero en tan solo unos meses.

El proceso de adaptación no fue fácil, pero valió cada esfuerzo. Ahora, las 5 habitaciones que dividí generan una rentabilidad que nunca hubiera imaginado. Esta inversión me ha permitido recuperar rápidamente el préstamo inicial y ahora, mis ingresos superan con creces mis expectativas.

Gracias de nuevo por abrirme los ojos a esta oportunidad. Mi vida financiera ha dado un giro completo y estoy emocionada por lo que el futuro me depara con 'Residencia El Olivo'.

Concientización sobre los peligros que enfrentan las casas sin habitar

Es esencial considerar los riesgos asociados con las casas vacías. Aunque no deseo alarmarte, es importante reconocer que las estadísticas indican que una propiedad desocupada puede convertirse en un objetivo fácil para la delincuencia. Casas sin ocupantes pueden ser objeto de vandalismo, allanamientos ilegales, e incluso caer en manos de estafadores inmobiliarios.

Durante mi tiempo en la notaría, fui testigo de situaciones preocupantes donde individuos malintencionados intentaban vender propiedades vacías utilizando documentos falsos, sin que los verdaderos propietarios estuvieran al tanto. Estos escenarios pueden resultar en un proceso legal prolongado, costoso y complejo para recuperar la propiedad.

Por ello, convertir una casa vacía en un negocio de alquiler por habitación no solo proporciona ingresos adicionales, sino que también protege la propiedad y la mantiene en uso constante. Al tener una casa ocupada, se reduce significativamente el riesgo de actos delictivos o fraudes inmobiliarios.

Esta decisión no solo asegura un flujo de ingresos estable, sino que también preserva la integridad de la propiedad y maximiza su potencial. Es una estrategia inteligente y segura para transformar una carga financiera en una fuente de ingresos rentable y estable.

Transformando propiedades en éxito: El camino de Hilda

El renacimiento de 'Dormitorios Camet' y otros negocios exitosos

Hilda es un claro ejemplo de cómo una visión innovadora y el uso adecuado de una metodología pueden transformar por completo una propiedad y generar ingresos significativos. En solo 5 años, ha logrado expandir su negocio a 73 habitaciones o puertas, generando un ingreso mensual adicional que antes parecía inalcanzable.

Cuando Hilda inició su proceso de acondicionamiento para su cuarto negocio, tuve que hacer labor de convencimiento para que viera con otros ojos a un inmueble que, a primera vista, parecía carecer de atractivo. Anteriormente, este espacio había sido un restaurante, pero con el asesoramiento financiero de Ana Isabel, Hilda pudo ver un negocio completamente diferente y rentable.

Todo comenzó en 2018, cuando se construyeron los primeros dormitorios estudiantiles. Desde su inauguración hasta la fecha, estos dormitorios han mantenido una ocupación total, lo que motivó a Hilda a seguir invirtiendo en el mismo concepto, hasta lograr expandir su negocio a 56 habitaciones y sigue creciendo.

Uno de los momentos clave en la historia de Hilda fue cuando la llevé a ver una casa en venta que en ese momento pretendía ser un restaurante. Sin embargo, la realidad era diferente: el lugar estaba descuidado, oscuro y tenía un aspecto poco atractivo. A pesar de las dudas iniciales de Hilda, decidió seguir adelante y convertir ese espacio en los exitosos dormitorios estudiantiles que son hoy en día.

Los negocios de Hilda, Danahe y míos: Éxito a través del alquiler por habitación

Gracias a esta metodología, Hilda, Danahe y yo hemos logrado establecer varios negocios exitosos:

- **"Dormitorios Camet":** Este negocio está ubicado en 4 diferentes localidades y cuenta con 20, 20, 16 y 17 habitaciones respectivamente. Desde que abrieron sus puertas, estos dormitorios han mantenido una ocupación total, generando ingresos constantes y significativos.

- **"Casa Margarita":** Con 10 habitaciones. Esta propiedad ha demostrado ser una fuente confiable de ingresos adicionales.

- **"Residencia El Olivo":** Con 5 habitaciones, este es otro ejemplo de cómo la visión y la metodología adecuada pueden transformar una propiedad en una fuente estable de ingresos.

En conjunto, estos negocios han establecido precios de renta que van desde los $3 200 a los $4 500 pesos al mes. Este éxito no solo ha sido financiero, sino que también ha tenido un impacto significativo en la vida personal de Hilda, Danahe y la mía.

Transformando vidas con ingresos pasivos

Este éxito financiero me ha permitido disfrutar de un estilo de vida que antes parecía un sueño lejano. Gracias a los ingresos generados por estos negocios, he podido:

- Pagar vacaciones con mi hijo, fortaleciendo mi relación familiar y creando recuerdos inolvidables.

- Cubrir las colegiaturas de mi hijo de manera puntual y proporcionarle todo lo que necesita para sus estudios.

- Apoyarlo para que viaje fuera de México y viva la experiencia de otras culturas, ampliando sus horizontes y conocimientos

Además, otras personas que han implementado los secretos y la metodología compartida en este libro han logrado un estilo de vida similar. Viajan regularmente porque no tienen que estar atados a su negocio; han encontrado la libertad y la flexibilidad que muchos anhelan.

Este capítulo de la historia de Hilda y mía es un testimonio viviente de cómo una metodología efectiva y una visión audaz pueden transformar propiedades en fuentes de ingresos pasivos estables y enriquecedores. Es un recordatorio de que, con el conocimiento adecuado y el coraje para dar el primer paso, cualquier propiedad puede convertirse en una verdadera mina de oro en el mercado del alquiler por habitación

El auge del mercado de alquiler por habitación en América Latina

En América Latina como en diversas partes del mundo, las nuevas generaciones se enfrentan a un desafío creciente en la búsqueda de vivienda, como consecuencia el mercado de alquiler por habitación en el sur del continente está experimentando un crecimiento vertiginoso, transformando radicalmente el panorama inmobiliario de la región. Según datos recopilados por el Instituto Latinoamericano de Investigación de Mercados (ILIM), entre 2018 y 2023, este sector experimentó un crecimiento promedio anual del 12 %, superando por mucho las expectativas y mostrando la posibilidad de ser mayor en los próximos años.

Uno de los casos más destacados que ilustra este fenómeno es el de São Paulo, Brasil. En esta metrópolis sudamericana, el mercado de alquiler por habitación ha crecido exponencialmente, impulsado principalmente por el aumento de la población urbana y la necesidad de soluciones habitacionales accesibles. Según un informe del Centro de Estudios Urbanos (CEU), el número de propiedades destinadas al alquiler por habitación en São Paulo se duplicó entre 2018 y 2022, con un crecimiento del 15 % anual en el número de inquilinos.

Otro caso relevante es el de Ciudad de México, donde el mercado de alquiler por habitación ha experimentado un crecimiento notable en los últimos años. De acuerdo con datos proporcionados por la Asociación Mexicana de Profesionales Inmobiliarios (AMPI), el número de propiedades disponibles para alquiler por habitación en la capital mexicana aumentó en un 20 % entre 2017 y 2023. Este crecimiento se atribuye en gran medida a la creciente popularidad de plataformas en línea que facilitan la búsqueda y el arrendamiento de habitaciones individuales.

El fenómeno del alquiler por habitación también ha ganado terreno en ciudades como Bogotá, Colombia y Buenos Aires, Argentina, donde se observa un crecimiento constante en la demanda de este tipo de alojamiento, especialmente entre jóvenes profesionales y estudiantes universitarios.

Este crecimiento exponencial del mercado de alquiler por habitación en América Latina está siendo impulsado por varios factores clave, incluida la urbanización acelerada, la necesidad de vivienda asequible en áreas urbanas densamente pobladas y el cambio en las preferencias de los consumidores hacia modelos de vivienda más flexibles y compartidos.

El mercado de alquiler por habitación en América Latina está experimentando un auge sin precedentes, ofreciendo oportunidades de inversión y negocio emocionantes para aquellos que estén dispuestos a innovar y adaptarse a las necesidades cambiantes de la población urbana en la región.

La realidad de las nuevas generaciones y la vivienda compartida en América Latina

EL DESAFÍO DE LA VIVIENDA PARA LAS NUEVAS GE-NERACIONES

Según el Instituto Nacional de Estadística, Geografía e Informática (INEGI), tan solo en México, existen alrededor de 30 millones de millennials. De estos, 7 de cada 10, es decir, 21 millones, están en la búsqueda de un hogar, pero específicamente de un hogar rentado. Más aún, el 50 % de estos millennials están dispuestos a compartir una casa o departamento con otros roomies para poder abatir gastos.

Sin embargo, esta situación no es exclusiva de México. En ciudades grandes de América Latina como São Paulo, Buenos Aires y Bogotá, también se observa un fenómeno similar. Una tendencia que está ganando terreno es el alquiler de habitaciones individuales en lugar de viviendas completas que en la mayoría de los casos está fuera de su presupuesto.

Por otro lado, tenemos a propietarios de casas sin ningún uso específico y que deben afrontar el alto costo de mantener una propiedad desocupada, que puede llegar a gastar más de $63 000.00 pesos al año en el pago de impuesto predial, servicios y reparaciones, sin que les genere ningún ingreso

DESAFÍOS Y OPORTUNIDADES: ANÉCDOTAS DEL MER-CADO INMOBILIARIO LATINOAMERICANO

1. Búsqueda Desesperada en Buenos Aires, Argentina:

En pleno corazón de Buenos Aires, una joven profesional, Valentina, se enfrentaba a una tarea desalentadora: encontrar un lugar para vivir que se ajustara a su presupuesto y necesidades. Sin embargo, el mercado inmobiliario tradicional presentaba barreras significativas: altos costos de alquiler, requisitos estrictos de garantía y una oferta limitada de unidades asequibles en ubicaciones convenientes. Frustrada por la falta de opciones, Valentina recurrió a plataformas de alquiler por habitación, donde finalmente encontró una solución que se adaptaba a su estilo de vida y presupuesto. Esta anécdota ejemplifica la creciente necesidad de nuevas estrategias que aborden los desafíos de accesibilidad y flexibilidad en ciudades como Buenos Aires.

2. Innovación en Medellín, Colombia:

En las empinadas colinas de Medellín, la demanda de vivienda accesible y bien ubicada es una constante preocupación para sus habitantes. Ante esta realidad, un grupo de emprendedores locales decidió enfrentar el desafío con creatividad y visión. Inspirados por el éxito de modelos de vivienda compartida en otras partes del mundo, lanzaron un proyecto piloto de alquiler por habitación en el barrio de El Poblado. La respuesta fue abrumadoramente positiva, con jóvenes profesionales y estudiantes universitarios acogiendo con entusiasmo esta nueva alternativa de alojamiento. Esta historia destaca la necesidad de nuevas estrategias que aprovechen la innovación y la adaptación a las demandas cambiantes del mercado inmobiliario en ciudades como Medellín.

3. Transformación en São Paulo, Brasil:

En la bulliciosa metrópolis de São Paulo, el mercado inmobiliario tradicional se enfrenta a desafíos cada vez mayores debido al crecimiento urbano descontrolado y la congestión del tráfico. Ante este panorama, un desarrollador inmobiliario local decidió adoptar un enfoque radicalmente diferente: convertir antiguas oficinas comerciales en espacios habitacionales compartidos. Esta iniciativa, que inicialmente fue recibida con escepticismo, demostró ser un éxito rotundo, atrayendo a jóvenes profesionales que buscaban un estilo de vida más dinámico y accesible en el corazón de la ciudad. Esta historia resalta la importancia de nuevas estrategias que se adapten a las condiciones únicas de ciudades en constante transformación como São Paulo.

Estas anécdotas ilustran la necesidad apremiante de nuevas estrategias en el mercado inmobiliario latinoamericano para abordar desafíos como la accesibilidad, la flexibilidad y la innovación. Las fuentes consultadas incluyen testimonios de individuos afectados, así como informes de medios de comunicación locales y estudios de mercado inmobiliario.

Movilidad y cambios en las nuevas generaciones

Esta generación millennial y la centennial, que le sigue, están caracterizadas por su movilidad y cambios constantes de residencia. Muchos prefieren viajar y para ello gustan de llevar poco equipaje para facilitar sus traslados. En el otro extremo están las familias que, en generaciones anteriores, tuvieron varios hijos y adquirieron o construyeron casas grandes. Con el tiempo, los hijos crecieron, dejaron el hogar paterno o empezaron sus propias familias, dejando a personas solas viviendo en casas demasiado grandes y costosas de mantener.

EL MOMENTO DE SUBIRSE A LA OLA: LA TENDENCIA DE LA VIVIENDA COMPARTIDA

Este es el momento crucial para adentrarse en el negocio de la vivienda compartida. Esta modalidad de alquiler es una tendencia en crecimiento, no solo en México, sino en diversas ciudades del mundo. Si no tomamos acción ahora, los demás propietarios se darán cuenta de las ventajas de este modelo, lo que aumentará la competencia y podría obligar a ajustar precios a la baja o a ofrecer más servicios por el mismo precio.

En la actualidad, vemos un aumento en la demanda de viviendas compartidas, especialmente en las redes sociales. Muchas solicitudes en Facebook, por ejemplo, buscan rentas con servicios incluidos, reflejando la preferencia de comodidad y facilidad que buscan estas generaciones.

LOS ERRORES COMUNES EN LA OFERTA DE VIVIENDAS COMPARTIDAS

Desafortunadamente, muchos arrendadores cometen errores graves al ofrecer viviendas compartidas. El 83 % de ellos no tiene las estrategias adecuadas y cometen errores básicos. Publican habitaciones poco atractivas, con una nula decoración, lo que lleva a precios bajos de alrededor de $1 200 pesos al mes. Estos arrendadores se ven obligados a aceptar huéspedes de bajo perfil y carecen de un sistema para filtrar a sus inquilinos.

EL CAMBIO DE PARADIGMA: HACIA LA VIVIENDA COMPARTIDA EFICIENTE

En la segunda parte del libro, exploraremos cómo evitar estos errores comunes y cómo implementar estrategias efectivas para la vivienda compartida ya que en la generación millennial, la comodidad es clave. Ya no quieren preocuparse por llevar muebles y enseres de un lugar a otro. Prefieren la facilidad de resolver todo con un solo clic: desde la contratación de servicios como luz, internet, gas y agua, hasta el pago mensual de estos servicios.

Es hora de adaptarse a esta nueva realidad y aprovechar las oportunidades que ofrece la vivienda compartida. En los siguientes capítulos, profundizaremos en cómo hacerlo de manera efectiva, evitando los errores del pasado y construyendo un negocio rentable y en sintonía con las necesidades de las nuevas generaciones en ciudades grandes de América Latina.

PARTE II

Evaluación de tu activo inmobiliario

En el mundo del alquiler por habitaciones, todo comienza con una evaluación minuciosa de tus activos inmobiliarios, saber si en tu patrimonio o en de tu familia cercana hay inmuebles que no están siendo aprovechados para obtener un ingreso extra. Este primer paso es fundamental para sentar las bases de tu estrategia y maximizar el potencial de tus propiedades. En este capítulo, exploraremos en detalle cómo llevar a cabo esta evaluación de manera efectiva.

La importancia de verificar el activo inmobiliario propio o familiar es innegable. Antes de sumergirnos en el mundo del alquiler por habitaciones, es crucial tener una comprensión clara de los activos con los que contamos. Esto no solo incluye las propiedades que poseemos, sino también su ubicación, su estado actual, el potencial de rentabilidad y en especial el mercado al que podemos dirigirnos

Recordemos que, durante la fiebre del oro en California en el siglo XIX, muchas personas se hicieron ricas no buscando oro, sino alquilando habitaciones, tiendas de campaña y equipos a los buscadores de oro.

Cómo verificar tu activo inmobiliario

Evaluar el estado actual de tu(s) propiedad(es) es el siguiente paso crucial en este proceso. Esto implica realizar un inventario detallado de cada propiedad, identificando posibles problemas o mejoras necesarias que podrían afectar su rentabilidad.

Esto consiste en averiguar algunos datos y vaciarlos en una plantilla de Excel para identificar con qué contamos, algunos de los datos que necesitas saber son:

- Qué tipo de inmueble es (casa, departamento, cabaña, ático, etc.)

- En qué ciudad o país se encuentra

- Qué superficie de terreno tiene

- Cuántos metros de construcción hay sobre ella

- En cuánto la adquiriste o cómo llegó a tus manos

- Cuál es el valor que se toma para basar el impuesto anual

- Cuál es el valor comercial actual

- A cuánto asciende los ingresos que obtienes de ella, si los hay

- Cuántos son los gastos anuales de esa propiedad

De estos dos últimos puntos puedes hacer una operación sencilla para saber cuánto dinero queda en tu bolsillo que consiste en restar los gastos a los ingresos. Con esta simple operación podrás darte cuenta cuál propiedad es una carga y cuál se sostiene por sí sola.

Para obtener la rentabilidad de tu propiedad también será a través de otra operación igual de sencilla:

Ingreso Anual / valor comercial actual x 100= Rendimiento %

Al llevar a cabo esta evaluación, es importante no solo centrarse en el estado físico de la propiedad, sino también considerar su ubicación y el entorno circundante. Al realizar este ejercicio podremos darnos cuenta si existen problemas o mejoras que hay que realizar a la propiedad, pero espera, todavía no pongas manos a la obra, eso será un poco más adelante.

Este análisis integral nos proporcionará una visión clara de las oportunidades y desafíos que enfrentamos en el mercado inmobiliario actual.

Al final de este capítulo, estarás equipado con el conocimiento necesario para evaluar tus activos inmobiliarios de manera efectiva, sentando así las bases para el éxito en el emocionante viaje del alquiler por habitaciones.

Aquí tienes un ejemplo de cómo podría quedar la ficha de tu(s)propiedad(es)

IDENTIFICACION DE LA PROPIEDAD

	Localidad / Municipio		Dirección	
1				
2	Tipo Propiedad		Ubicación Google	

#	DOCUMENTACION LEGAL		PLANOS	
5				
6	Titulo Propiedad	Sí	Distribución	No
7	Apertura Credito	No	Hiraulico	No
8	Liberación hipoteca	No	Electrico	No

#	VALORES ADQUISICION		DATOS FÍSICOS	
10				
11	Año		M2 Terreno	
12	Importe pagado	$ -	M2 Construccion	
13			No. de Plantas	

#	ADQUIRIDO CON			
14			No. Dormitorios	
15	Recursos propios	Sí	No. Baños	
16	Hipoteca	No	Sala	
17	Total Pagado	$ -	Comedor	
18	Por pagar	$ -	Cocina	
19			Estudio	

#	VALORES ACTUALES			
20			Cuarto servicio	
21	Valor catastral	$ -	Bodega	
22	Valor Comercial	$ -	Cochera	
23			Jardin	

#	UTILIZACION DEL INMUEBLE			
24			Area lavado	
25	Uso Actual	Otro	Otro	

INGRESOS DE LA PROPIEDAD

Mes	Importe
Enero	$ -
Febrero	$ -
Marzo	$ -
Abril	$ -
Mayo	$ -
Junio	$ -
Julio	$ -
Agosto	$ -
Septiembre	$ -
Octubre	$ -
Noviembre	$ -
Diciembre	$ -
Ingreso Anual	$ -

GASTOS DE LA PROPIEDAD

Concepto	Mensual	Anual
Cuota hipoteca	$ -	$ -
Impuesto predial*	$ -	$ -
Seguros*	$ -	$ -
Agua Potable	$ -	$ -
Drenaje	$ -	$ -
Electricidad	$ -	$ -
Vigilancia	$ -	$ -
Jardineria	$ -	$ -
Reparaciones	$ -	$ -
Administración	$ -	$ -
Cuota vecinal	$ -	$ -
Otros	$ -	$ -
Total Gastos	$ -	$ -

Cuanto queda en mi bolsillo	$ -
RENTABILIDAD	#¡DIV/0!	%

Investigación de mercado: Conociendo tu competencia

Antes de embarcarte en el negocio de alquiler por habitación, es fundamental realizar una investigación de mercado que te permitirá conocer a tu competencia, entender las tendencias del mercado y establecer estrategias efectivas para destacar en este sector. Aquí te guiaré paso a paso en cómo llevar a cabo esta investigación:

1. Identificar Propiedades competidoras

- **Dirección o colonia:** Anota la dirección exacta o la colonia donde se encuentran las propiedades competidoras. Esto te ayudará a ubicarte en relación con ellas y entender su entorno.

- **Medio de anuncio:** Observa en qué medios están anunciadas estas propiedades. Pueden estar en portales inmobiliarios, redes sociales, carteles en la zona, o incluso en revistas o folletos inmobiliarios.

- **Tipo de inmueble:** Registra qué tipo de inmueble es cada propiedad: casa, departamento, cabaña, etc. Esto te dará una idea de la variedad de opciones disponibles en el mercado.

- **Presencia *online*:** Investiga si las propiedades tienen un sitio web dedicado. Un sitio web bien diseñado puede ser un indicio de profesionalismo y atraer más clientes potenciales.

2. Detalles de la habitación

- **Precio de renta:** Anota el precio de renta de cada habitación. Esto te dará una idea del rango de precios en la zona y te ayudará a fijar un precio competitivo.

- **Amueblado:** Determina si las habitaciones están amuebladas o no. Algunos inquilinos prefieren habitaciones amuebladas, mientras que otros prefieren traer sus propios muebles.

- **Decoración:** Observa si las habitaciones tienen algún tipo de decoración. Una decoración atractiva puede ser un punto a favor para atraer inquilinos.

- **Baño:** Indaga si las habitaciones tienen baño propio dentro de la habitación, baño fuera de la habitación o si es compartido. Este es un factor importante para muchos inquilinos ya que la mayoría prefiere no compartir este servicio con nadie más.

- **Servicios incluidos:** Averigua qué servicios están incluidos en la renta. Puede ser agua, luz, gas, internet, televisión por cable, etc.

- **Ropa de cama:** Algunas propiedades incluyen ropa de cama y otras no. Esto puede ser un factor determinante para los inquilinos que buscan comodidad y conveniencia.

3. Amenidades y servicios adicionales

- **Amenidades:** Investiga si las propiedades cuentan con amenidades como áreas comunes, gimnasio, terraza, jardín, etc. Estas amenidades pueden ser un punto diferenciador.

- **Área de lavado:** Verifica si hay un área de lavado disponible y si incluye lavadora. Muchos inquilinos valoran tener acceso a una lavadora y área de tendido.

- **Otros servicios:** Anota cualquier otro servicio adicional que ofrezcan, como limpieza regular, servicio de mantenimiento, estacionamiento, entre otros.

4. Análisis de ubicación y entorno

- **Ubicación estratégica:** Analiza la ubicación de tu propiedad en relación con las empresas, atracciones turísticas, universidades, etc., que existen en un radio máximo de 3 km. Esto te ayudará a identificar cuáles son las oportunidades según lo que hay en el entorno.

- **Demanda potencial:** Considera qué tipo de inquilinos podrían estar interesados en tu propiedad debido a su ubicación. Por ejemplo, si está cerca de una universidad, es probable que estudiantes sean tu mercado objetivo.

- **Competencia directa:** Observa si hay otras propiedades de alquiler por habitación en la misma zona. Esto te dará una idea de la competencia directa y cómo puedes diferenciarte.

- **Accesibilidad:** Verifica la accesibilidad de la zona en términos de transporte público, vías principales, y facilidad de acceso. Esto influirá en la conveniencia para tus futuros huéspedes.

5. Herramientas de investigación

- **Visitas personales:** En lo posible, visita personalmente las propiedades competidoras. Esta es la mejor manera de tener una idea precisa de lo que ofrecen y cómo se presentan.

- **Portales inmobiliarios:** Utiliza portales inmobiliarios para obtener información detallada de las propiedades. Estos sitios suelen tener fotos, descripciones y precios.

- **Redes sociales:** Revisa las redes sociales, especialmente grupos de alquileres o páginas de inmuebles en Facebook, donde a menudo se publican ofertas de alquiler.

- **Contacto directo:** Si es posible, comunícate directamente con los arrendadores o agentes inmobiliarios de estas propiedades para obtener información más detallada.

CONCLUSIONES DE LA INVESTIGACIÓN

Al recopilar estos datos, podrás tener una visión clara del mercado de alquiler por habitación en tu zona. Esto te ayudará a identificar oportunidades, definir tu público objetivo, establecer precios competitivos y diseñar una estrategia efectiva para tu negocio. Recuerda que la clave está en entender las necesidades y preferencias de tus potenciales inquilinos para ofrecerles una opción atractiva y diferenciada.

Beneficios de la renta de habitaciones amuebladas frente al alquiler tradicional

1. Costo eficiente: se traduce en ahorro significativo ya que generalmente tienen un costo mensual más bajo en comparación con el alquiler de viviendas completas. Los huéspedes pueden disfrutar de una ubicación conveniente a un precio más accesible.

2. Flexibilidad: lo cual lo hace ideal para estudiantes y jóvenes profesionales debido a que ofrece una mayor flexibilidad en términos de duración del contrato; esto es especialmente beneficioso ya que este tipo de huéspedes suele tener cambios en su vida personal y laboral.

3. Menos compromiso: ello se refleja en menos responsabilidades para los huéspedes porque no tienen que lidiar con labores de mantenimiento, reparaciones o facturas de servicios públicos. El propietario se encarga de estas tareas, permitiendo una experiencia más relajada.

4. Comunidad y conexiones: al haber más huéspedes en un mismo lugar motiva la interacción social en los espacios compartidos como cocinas y salas de estar, lo que puede llevar a la formación de nuevas amistades y conexiones.

RENTABILIDAD:

La rentabilidad de la inversión en la renta de habitaciones amuebladas radica en la capacidad de ofrecer precios competitivos mientras se mantienen los costos operativos controlados. La ocupación constante y una buena gestión pueden generar ingresos estables para los propietarios. El bajo riesgo de vacantes prolongadas y el potencial de reajuste de precios en función de la demanda también son factores que contribuyen a la rentabilidad.

La renta de habitaciones amuebladas está emergiendo como una alternativa atractiva al alquiler tradicional. Los beneficios de costo, flexibilidad y comunidad están atrayendo tanto a inquilinos como a propietarios. Al seguir las estrategias y consejos adecuados, es posible aprovechar esta tendencia en evolución y asegurar una inversión rentable y una experiencia positiva para todas las partes involucradas.

Beneficios de la técnica de múltiples inquilinos frente a la renta tradicional en términos de ingresos mensuales y cómo esto representa ingresos pasivos a largo plazo

La renta de habitaciones amuebladas presenta una ventaja adicional en términos de ingresos mensuales y la generación de ingresos pasivos a largo plazo en comparación con el alquiler tradicional al permitir múltiples inquilinos en un mismo espacio, lo que maximiza el potencial de ingresos mensuales. Mientras que, en el alquiler tradicional, se depende de un solo inquilino para cubrir los costos, en la técnica de múltiples inquilinos se diversifica el riesgo, lo que significa que la pérdida de un inquilino no afecta significativamente los ingresos totales.

Además, esta técnica puede generar ingresos pasivos a largo plazo de manera más efectiva. Con una ocupación constante y una gestión eficiente, los ingresos pueden mantenerse estables durante períodos prolongados, lo cual permite a los propietarios disfrutar de una fuente continua de ingresos sin una participación constante. Esto se traduce en una inversión que continúa generando beneficios incluso cuando el propietario no está directamente involucrado en la operación diaria del alquiler. En resumen, la técnica de múltiples inquilinos ofrece una oportunidad única para maximizar los ingresos mensuales y garantizar ingresos pasivos a largo plazo en comparación con el alquiler tradicional.

Comparativo entre una renta tradicional y una renta por habitación

	Renta tradicional	Renta por habitación
Figura legal en tipo de contrato	Arrendamiento	Hospedaje
Posesión del inmueble	Inquilino	Propietario
Duración de contrato	1 año	3 meses
Aval o garantía	Necesaria	No necesaria
Requisitos y documentos	Más de 8 documentos	Máximo 3 documentos
Mobiliario	No necesario	Incluidos en la renta
Limpieza	No incluida	Sí se incluye
Nivel de compromiso	Alto	bajo
Fuente de Ingreso	1	Múltiples
Rentabilidad	Baja	Alta

Ventajas para los huéspedes:

- Precio de renta más asequible para su bolsillo que la renta tradicional

- Plazo de renta menor a un año

- No tiene que gastar en mobiliario y/o menaje de casa

- No tiene que preocuparse de contratar ni hacer varios pagos por servicios

- No tiene que hacer trabajos de reparación o adaptación en la propiedad

- Hace contratos rápidos y de manera fácil

- No tiene que buscar otros roomies para que la renta sea más accesible a su bolsillo

- Todos los servicios están incluidos en un precio establecido sin tener sorpresas por incrementos en los servicios

Formación de un equipo profesional de apoyo

Como en cualquier negocio, la formación de un equipo profesional de apoyo es fundamental para el éxito de todo proyecto. Ya sea que estés incursionando en el alquiler por habitaciones por primera vez o que seas un inversionista experimentado, contar con expertos en diversas áreas puede marcar la diferencia entre el éxito y el fracaso.

La importancia de contar con un equipo de profesionales durante todo el proceso no puede ser subestimada. Desde la etapa inicial de investigación y planificación hasta la gestión diaria del negocio, cada paso del camino requiere conocimientos especializados y habilidades específicas. Los profesionales adecuados pueden brindarte orientación, asesoramiento y apoyo en áreas que quizás no sean tu especialidad, permitiéndote tomar decisiones informadas y maximizar el potencial de tu inversión.

Pero ¿cómo seleccionar a los profesionales adecuados para tu proyecto? La respuesta radica en comprender las necesidades únicas de tu negocio y buscar expertos que puedan satisfacer esas necesidades de manera efectiva. Por ejemplo, para el negocio de alquiler por habitaciones, es esencial contar con un equipo que incluya abogados especializados en contratos de arrendamiento, contadores con experiencia en finanzas inmobiliarias, diseñadores de interiores que puedan crear espacios atractivos y funcionales, entre otros.

La investigación y el contacto con estos profesionales pueden realizarse de diversas formas. Puedes buscar recomendaciones de colegas de confianza, consultar directorios profesionales en línea o asistir a eventos y conferencias relacionados con el mercado inmobiliario. Una vez que hayas identificado a posibles candidatos, es importante realizar entrevistas y evaluar sus credenciales, experiencia y enfoque de trabajo para asegurarte de que se alineen con tus objetivos y valores.

Entender y sacar el máximo provecho de cada profesional en el negocio es otro aspecto crucial. Cada miembro del equipo aporta habilidades y conocimientos únicos que pueden contribuir al éxito general del proyecto. Aprender a delegar tareas de manera efectiva, comunicarte de forma franca y establecer expectativas claras son habilidades clave para gestionar un equipo de manera eficiente.

Al seleccionar a los profesionales adecuados, investigar y contactar a expertos en diversas áreas, y comprender cómo sacar el máximo provecho de cada miembro del equipo, puedes establecer las bases para un negocio sólido y rentable en el mercado inmobiliario.

Estos son algunos de los profesionales y roles clave que podrías necesitar:

Arquitecto

- Diseña la distribución y optimización de los espacios para adaptarse al concepto de renta por habitación.

- Realiza los planos que maximicen el uso del espacio.

- Supervisa las renovaciones o modificaciones necesarias en la propiedad.

- Coordina equipos de construcción y asegura el cumplimiento de plazos y presupuestos.

Plomero y electricista

- Instala y mantiene sistemas de fontanería y electricidad.

- Asegura que todas las instalaciones cumplan con estándares de seguridad.

Diseñador de interiores

- Diseño de los ambientes, selección de paleta de colores adecuada, decoración interior y exterior. Selecciona mobiliario

- Esboza el estilo de vida que se quiere proyectar, da uniformidad a toda la imagen de la casa.

Abogado especializado en bienes raíces

- Asesora en cuestiones legales.

- Redacta contratos de arrendamiento y se encarga de las regulaciones locales.

Contador o financiero

- Maneja la contabilidad y elabora presupuestos.

- Ofrece asesoramiento financiero para maximizar la rentabilidad.

Ingeniero en sistemas

- Administra las soluciones tecnológicas necesarias, como sistemas de seguridad y plataformas de gestión de propiedades.

- Coloca cámaras de vigilancia, repetidores de internet y verifica la velocidad del internet

Administrador o gerente de operaciones

- Supervisa la operación diaria del negocio y la gestión de la propiedad.

- Contrata y gestiona al personal necesario para el mantenimiento y servicio de la propiedad.

- Coordina el mantenimiento y otros servicios necesarios.

- Implementa prácticas que promuevan la eficiencia energética y el impacto positivo en la comunidad

Fotógrafo

- Captura imágenes de alta calidad de la propiedad.

- Proporciona material visual para el marketing y promoción.

Responsable de marketing

- Diseña el logo y la página web

- Desarrolla estrategias de *marketing* para atraer residentes.

- Gestiona la presencia en línea y las campañas publicitarias.

Estos profesionales son esenciales para garantizar el éxito a largo plazo, ya que aportan experiencia en el mercado inmobiliario y de hospitalidad, gestionan eficientemente las operaciones diarias, brindan una atención al cliente de calidad, y desarrollan estrategias de *marketing* efectivas. Además, aseguran el cumplimiento de requisitos legales, optimizan el uso de recursos y están capacitados para adaptarse a los cambios en el mercado, contribuyendo así a la eficiencia operativa, la satisfacción del cliente y la rentabilidad del negocio.

Optimización de espacios: Maximizando el potencial de tu propiedad

En el negocio de alquiler por habitaciones, la optimización de espacios es una estrategia clave para maximizar el potencial de tu propiedad. Antes de empezar a derribar paredes o realizar cambios drásticos en la distribución, es fundamental realizar un levantamiento físico exhaustivo de la propiedad. ¿Por qué es tan importante este paso inicial? La respuesta radica en la necesidad de comprender la distribución actual del inmueble, identificar áreas subutilizadas y, lo más importante, encontrar espacios que podrían convertirse en valiosas fuentes de ingresos al habilitarlos como habitaciones para rentar.

El levantamiento físico de la propiedad implica medir y documentar meticulosamente cada espacio, desde el tamaño de las habitaciones hasta la ubicación de las paredes y los detalles estructurales. Este proceso proporciona una visión clara de la distribución actual y sirve como punto de partida para cualquier proyecto de optimización de ambientes. Sin esta información detallada, es difícil tomar decisiones informadas sobre cómo mejorar la eficiencia y la funcionalidad del inmueble.

Al documentar la distribución actual del inmueble, también es posible identificar áreas subutilizadas que podrían transformarse en habitaciones adicionales para rentar. Tal vez haya un sótano sin aprovechar, un espacio de almacenamiento grande o una sala de estar poco utilizada que podría convertirse en una fuente adicional de ingresos. Reconocer estas oportunidades ocultas es esencial para maximizar el potencial de ganancias de tu propiedad.

Además, al identificar espacios que podrían convertirse en habitaciones para rentar, es importante considerar la viabilidad y la rentabilidad de cada opción. ¿El espacio tiene acceso adecuado a servicios básicos como electricidad, agua y ventilación? ¿Sería atractivo y cómodo para posibles inquilinos? Estas son preguntas clave que deben abordarse antes de tomar decisiones importantes sobre la optimización de algunas áreas.

Aprovechar al máximo los espacios del inmueble es un paso crucial en el proceso de convertir tu propiedad en un negocio exitoso de alquiler por habitaciones y con ello maximizar tus ganancias en el competitivo mercado inmobiliario.

Aquí tienes una guía paso a paso para que realices el LEVANTAMIENTO FÍSICO de tu propiedad:

Herramientas necesarias:

1. **Medidor láser de distancia o cinta métrica:** Para medir longitudes y dimensiones.

2. **Nivel:** Para garantizar la horizontalidad y verticalidad de las estructuras.

3. **Papel milimetrado:** Para esbozar el diseño y las mediciones.

4. **Cámara fotográfica o *smartphone*:** Para documentar visualmente la propiedad.

5. Libreta o dispositivo para tomar notas.

6. Aplicación de dibujo o planificación: Puedes utilizar herramientas como SketchUp, AutoCAD, o incluso aplicaciones más sencillas como MagicPlan o RoomScan.

Pasos para el levantamiento físico:

1. Preparación:

- Revisa la propiedad y familiarízate con su diseño general.

- Asegúrate de tener todas las herramientas necesarias.

2. Documentación general:

- Toma fotografías o videos de la propiedad desde diferentes ángulos.

- Marca los puntos cardinales para tener una referencia direccional.

- Anota datos relevantes como orientación solar, accesos, etc.

3. Mediciones exteriores:

- Mide la longitud y ancho total de la propiedad.

- Marca las ubicaciones de puertas, ventanas, y otras características exteriores.

4. Mediciones interiores:

- Comienza por un punto de referencia y mide cada habitación.

- Incluye puertas, ventanas, chimeneas, y cualquier otro elemento fijo.

- Anota las alturas de los techos.

5. Instalaciones:

- Documenta la ubicación de enchufes eléctricos, interruptores, y tomas de agua.

- Marca las rutas de cableado y tuberías.

6. Áreas anexas:

- Mide y señala áreas como jardines, cocheras, bodegas, etc.

- Anota características especiales como árboles, fuentes, o estructuras adicionales.

7. Instalaciones de servicios básicos:

- Marca la ubicación de medidores de agua, conexiones de drenaje y cajas eléctricas.

8. Dibujo o documentación digital:

- Utiliza una aplicación de planificación para trasladar las mediciones a un formato digital.

- Etiqueta cada área y señala las dimensiones.

9. Revisión y ajuste:

- Revise el dibujo para asegurarse de que todas las mediciones sean precisas.

- Realiza ajustes según sea necesario.

10. Resultados:

- Realiza una copia digital o una copia impresa ya que la necesitarás para realizar las adecuaciones necesarias.

Creando ambientes que atraen y retienen inquilinos

El diseño y la distribución de las áreas de tu propiedad desempeñan un papel fundamental en el éxito de tu negocio. ¿Por qué es tan crucial diseñar una nueva distribución que aproveche cada espacio posible sin sacrificar la comodidad ni la estética? La respuesta es simple: una distribución inteligente y un diseño atractivo no solo hacen que una propiedad sea más funcional, sino que también la hacen más atractiva para los inquilinos potenciales, lo que se traduce en una mayor rentabilidad.

Al comprender la importancia del estilo y la estética en la rentabilidad de las propiedades de alquiler, te das cuenta de que no se trata solo de ofrecer un lugar para vivir, sino de crear un ambiente que los inquilinos deseen llamar hogar. Por ello, identificar los elementos estéticos diferenciadores que hacen que una propiedad sea atractiva para los clientes es esencial. Desde la elección de los colores y los muebles hasta la disposición de los espacios y la iluminación, cada detalle contribuye a la impresión general que la propiedad deja en los inquilinos potenciales.

Además, adquirir habilidades prácticas para mejorar la decoración y el atractivo de las propiedades de alquiler puede marcar la diferencia entre una propiedad que se alquila rápidamente y a un precio premium, y una que lucha por atraer inquilinos. Después de implementar lo que aprenderás en este libro, tu negocio se llenará de huéspedes ansiosos por mudarse de inmediato a tu propiedad. Con un diseño y una distribución de espacios bien pensados, podrás acelerar la renta de propiedades y establecer precios más altos, todo mientras aumentas la satisfacción de tus inquilinos y garantizas un flujo constante de ingresos.

ANTES

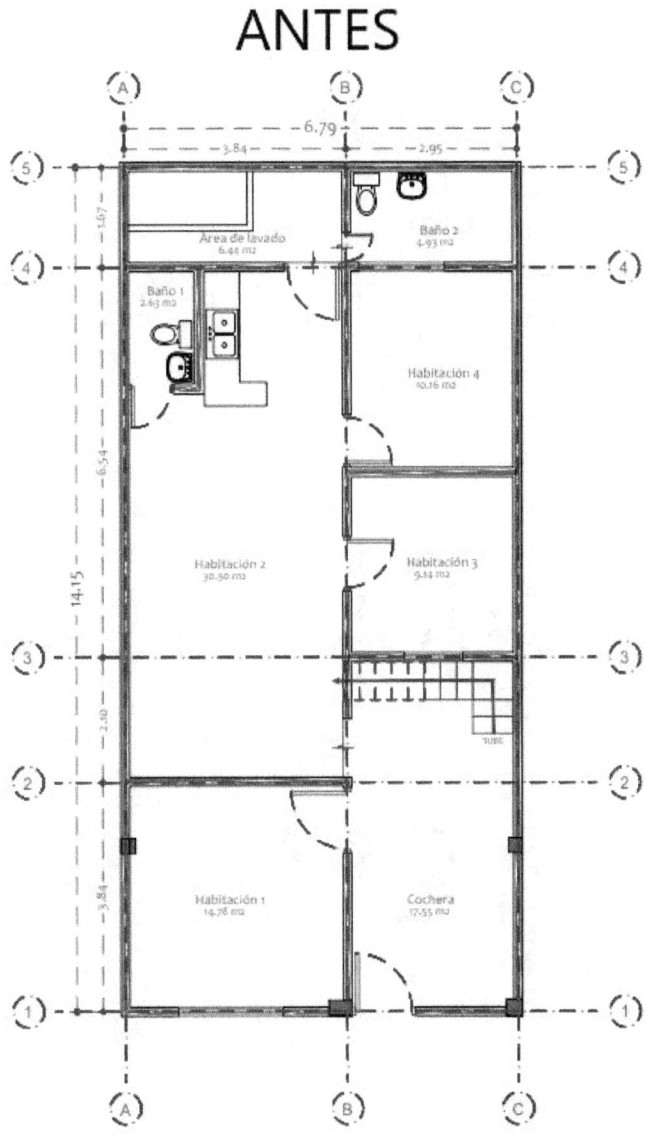

DESPUES

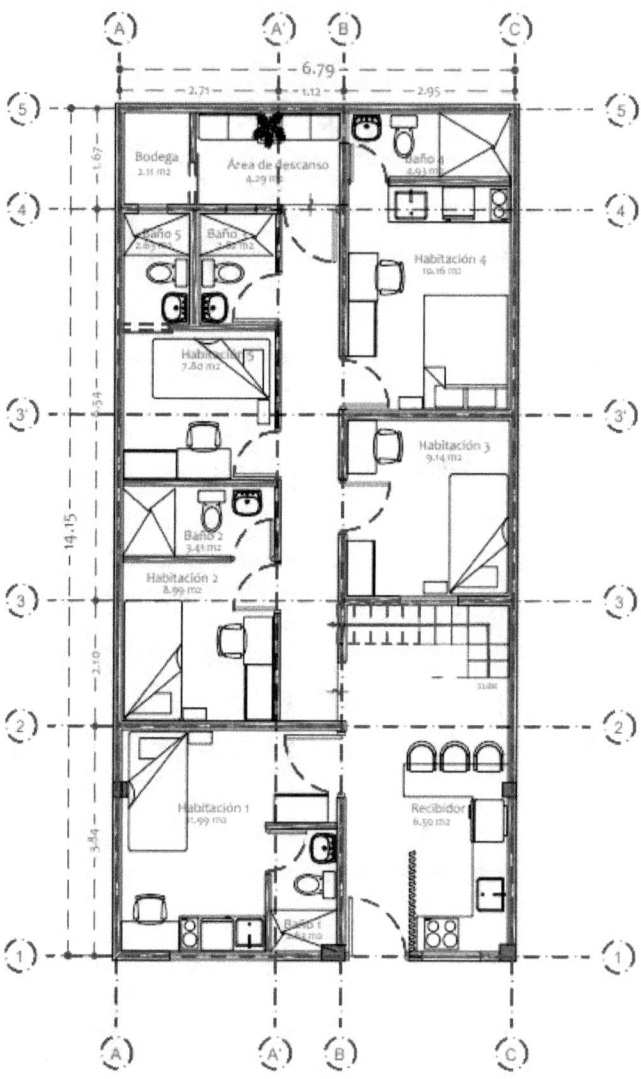

Diseñando espacios funcionales

Para sacarle provecho a cada rincón de nuestra propiedad, es esencial maximizar cada uno para garantizar un uso eficiente del espacio disponible. Esto implica realizar un estudio minucioso de la propiedad para determinar la distribución más adecuada de las áreas y el número ideal de habitaciones que pueden alojarse cómodamente en el inmueble.

Las dimensiones de las habitaciones son un factor crucial que considerar. La medida mínima recomendada es de 5 metros cuadrados (aproximadamente 2.70 x 1.85 metros), mientras que el tamaño máximo oscila entre 12 y 15 metros cuadrados. En el caso de un apartaestudio, el área puede variar entre 16 y 20 metros cuadrados. Además, es importante evaluar la posibilidad de aprovechar la altura del espacio instalando tapanco, especialmente si la altura del techo supera los 3 metros. De esta manera, se puede crear espacio adicional para áreas como una cocineta, un closet o un área de estudio debajo del tapanco.

La disposición de los baños también requiere una cuidadosa planificación, para ello es crucial identificar por dónde pasan las tuberías de agua y de desagüe, ya que dependiendo de ello y del tamaño de la habitación, se puede optar por diferentes configuraciones de baño, como baño privado completo, baño compartido completo, medio baño, o incluso solo lavabo o regadera. En caso de baños compartidos, se recomienda limitar el acceso a un máximo de 3 personas para evitar congestionamientos y garantizar la comodidad de los huéspedes.

Para sortear posibles conflictos entre los huéspedes y fomentar un ambiente armonioso, se sugiere la creación de clústeres de habitaciones, donde se agrupen de 2 a 3 habitaciones compartiendo baño y cocina. Esta disposición permite una convivencia más cercana entre los residentes y facilita la interacción social.

En cuanto a las áreas comunes, como las cocinas, se recomienda tener una disponible por cada 4 personas, equipada con un refrigerador, una estufa y una tarja. En caso de tener múltiples cocinas, se puede considerar la instalación de una cocina múltiple con varios refrigeradores, estufas y tarjas para mayor comodidad. Además, es importante contar con un espacio de comedor, ya sea una barra o una mesa, donde los huéspedes puedan disfrutar de sus comidas de manera cómoda y social.

Otros espacios comunes que pueden optimizarse incluyen un salón o área de estar, una lavandería con tendedero, una terraza con asador, un área para bicicletas y cajones de estacionamiento disponibles para alquiler adicional. Estos espacios adicionales no solo aumentan la comodidad de los huéspedes, sino que también agregan valor a la propiedad y pueden servir como un diferenciador competitivo en el mercado de alquiler de habitaciones.

La importancia de la decoración en alquileres

Las estadísticas y casos de estudio respaldan de manera contundente la influencia de la decoración en la elección de un lugar para rentar. Según un estudio realizado por la Asociación Nacional de Agentes Inmobiliarios, el 81 % de los inquilinos considera que la decoración de una propiedad influye significativamente en su decisión de alquilar. Además, un informe de la revista Forbes señala que las propiedades con una decoración moderna y atractiva tienen un 40 % más de probabilidades de ser alquiladas rápidamente y a un precio más alto que aquellas con una decoración desactualizada o descuidada. Casos de estudio como el de Airbnb también respaldan esta afirmación: las propiedades con una decoración cuidadosamente seleccionada y bien mantenida tienden a recibir más reservas y a obtener calificaciones más altas por parte de los huéspedes, lo que se traduce en mayores ingresos para los anfitriones, esto es, la decoración no solo mejora la apariencia de una propiedad, sino que también aumenta su atractivo y valor en el mercado de alquiler.

Elementos estéticos diferenciadores clave

PALETA DE COLORES COHERENTE

Una combinación de colores armoniosa y coherente en toda la propiedad puede crear un ambiente acogedor y atractivo. Aquí tienes cinco ejemplos de combinaciones de colores:

Tonos neutros cálidos: Una combinación de beige, crema y gris claro puede crear un ambiente suave y acogedor. Estos tonos neutros se complementan entre sí y pueden realzar la luminosidad de la habitación, creando una sensación de calidez y amplitud.

Paleta tierra: Colores como el marrón tierra, verde oliva y terracota evocan la naturaleza y pueden crear un ambiente tranquilo y relajante. Esta paleta es perfecta para propiedades rurales o inspiradas en la naturaleza.

Azules suaves y blancos: Una combinación de tonos azules suaves, blancos brillantes y toques de gris claro puede evocar una sensación de serenidad y frescura. Esta paleta es ideal para propiedades junto al mar o con una temática costera.

Grises y amarillos suaves: La combinación de grises suaves con tonos amarillos pálidos puede crear un ambiente luminoso y reconfortante. El gris aporta una sensación de elegancia y modernidad, mientras que el amarillo agrega un toque de vitalidad y alegría.

Rosas y grises: Una combinación de tonos rosa suave con grises claros y blancos puede crear un ambiente romántico y femenino. Esta paleta es perfecta para dormitorios o espacios de relajación donde se busca una atmósfera delicada y acogedora.

ILUMINACIÓN APROPIADA

Una iluminación bien pensada puede realzar los espacios, resaltar características arquitectónicas y mejorar el estado de ánimo de los huéspedes.

Aquí tienes algunas sugerencias:

Iluminación de acento: Utiliza luces direccionales para resaltar elementos arquitectónicos como vigas, molduras, columnas o detalles decorativos. Coloca focos empotrados o proyectores en ángulos que enfoquen la luz directamente sobre estas características para crear efectos visuales llamativos.

Iluminación de pared: Instala luces en la pared para destacar cuadros, obras de arte, estanterías o elementos decorativos. Las luces de pared pueden crear un efecto de luz difusa que añade profundidad y dimensión a la habitación, resaltando elementos específicos y creando una atmósfera acogedora.

Iluminación ambiental: Incorpora luces indirectas, como tiras LED en zócalos o cornisas, para proporcionar una iluminación suave y difusa que llene el espacio de manera uniforme. Esta iluminación ambiental crea una atmósfera cálida y acogedora, perfecta para que los huéspedes se sientan cómodos y relajados.

Iluminación de piso: Coloca lámparas de pie o luces de suelo cerca de muebles destacados o en rincones de la habitación para agregar luminosidad y crear puntos focales visuales. Esta iluminación puede ayudar a equilibrar la luz en la habitación y proporcionar una sensación de calidez y confort.

MOBILIARIO FUNCIONAL Y ESTILIZADO

Muebles de calidad y bien diseñados que optimicen el espacio y complementen la decoración general. Este tipo de mobiliario es ideal para optimizar el espacio y complementar una habitación amueblada en renta:

Cama con almacenamiento integrado: Una cama con cajones debajo o con un espacio de almacenamiento integrado en la cabecera es una excelente opción para maximizar el espacio en una habitación. Esto permite guardar ropa de cama, ropa de temporada u otros objetos sin ocupar espacio adicional en la habitación. Por ejemplo, la cama MALM de IKEA ofrece opciones de almacenamiento integrado en la cabecera, lo que la convierte en una solución práctica y estética.

Escritorio plegable: Un escritorio plegable es una solución versátil para crear un área de trabajo en una habitación sin ocupar demasiado espacio cuando no está en uso. Por ejemplo, el escritorio plegable NORBERG de IKEA se puede montar en la pared y se pliega fácilmente cuando no se necesita, liberando espacio para otras actividades.

Silla compacta: Una silla compacta puede proporcionar un asiento adicional en la habitación sin abrumar el espacio. Optar por un diseño ligero y compacto ayuda a mantener la habitación con una sensación de amplitud. Por ejemplo, una silla plegable con un diseño moderno y atractivo puede complementar la decoración de la habitación sin ocupar demasiado espacio.

Estantería flotante: Una estantería flotante montada en la pared es una excelente manera de añadir espacio de almacenamiento vertical sin ocupar espacio en el suelo. Además de proporcionar espacio para libros, plantas u objetos decorativos, también puede servir como un elemento decorativo por sí misma. Por ejemplo, una estantería flotante de madera con un diseño minimalista y moderno puede agregar un toque de estilo a la habitación sin recargarla visualmente.

Espejo de cuerpo entero: Es un elemento decorativo funcional que puede hacer que una habitación parezca más grande y luminosa, colocado estratégicamente puede ayudar a reflejar la luz natural y crear la ilusión de espacio adicional. Por ejemplo, un espejo de cuerpo entero con un marco delgado y elegante puede añadir un toque de sofisticación a la decoración de la habitación.

DETALLES DECORATIVOS

Elementos decorativos como cojines, cortinas, obras de arte y plantas que añaden personalidad y estilo a la propiedad.

Cojines: son una excelente manera de agregar color, textura y comodidad a una habitación. Opta por una variedad de cojines con diferentes patrones, texturas y colores que complementen la paleta de colores de la habitación. Los cojines decorativos pueden ser una forma económica y fácil de actualizar el aspecto de una habitación sin necesidad de cambiar los muebles principales. Experimenta con diferentes tamaños, formas y materiales para añadir interés visual.

Cortinas: Las cortinas pueden añadir calidez, suavidad y privacidad a una habitación, además de servir como un elemento decorativo importante. Elige cortinas que complementen el estilo y la paleta de colores de la habitación. Las de patrones sutiles o texturas interesantes pueden agregar un toque de sofisticación sin abrumar el espacio. Colócalas lo más cerca posible del techo y extiéndelas más allá del marco de la ventana para crear la ilusión de techos más altos y ventanas más grandes.

Obras de arte: Las obras de arte pueden añadir carácter, personalidad y estilo a una habitación. Las fotografías enmarcadas, las impresiones artísticas y las pinturas pueden ser excelentes opciones para añadir interés visual a las paredes. Prueba agrupar varias piezas de diferentes tamaños y formas para crear una galería de arte en miniatura. Asegúrate de colgar las obras de arte a la altura de los ojos para una visualización óptima.

Plantas: Pueden agregar vida, color y frescura a una habitación, además de purificar el aire y crear un ambiente acogedor. Elige plantas de interior que sean fáciles de cuidar y que se adapten a las condiciones de luz de la habitación. Coloca las plantas en lugares estratégicos de la habitación, como estanterías, mesas auxiliares o alféizares de ventanas, para agregar interés visual y crear puntos focales. Mezcla diferentes tipos de plantas, como helechos, suculentas y plantas colgantes, para crear un aspecto vibrante y variado.

TOQUES PERSONALES

Agrega pequeños detalles que reflejen la personalidad del propietario o la historia de la propiedad, creando una conexión emocional con los huéspedes. Aquí tienes algunas ideas:

Fotografías y recuerdos: Coloca fotografías o recuerdos de viajes o elementos decorativos que tengan un significado sentimental para el propietario.

Objetos hechos a mano: Incorpora objetos hechos a mano, como cerámica, tejidos o arte, que reflejen el estilo único del propietario y añadan un toque de autenticidad a la decoración. Los objetos hechos a mano pueden transmitir una sensación de calidez y hospitalidad.

Libros y revistas: Coloca una selección de libros y revistas en la propiedad que reflejen los intereses y pasatiempos del propietario. Esto puede incluir libros de arte, novelas de ficción o guías de viaje. Los huéspedes apreciarán tener algo para leer durante su estancia y podrán descubrir más sobre los intereses del propietario.

Arte local: Apoya a artistas locales exhibiendo su obra en la propiedad. Esto no solo añadirá un toque de originalidad a la decoración, sino que también ayudará a promover la cultura local y el talento artístico de la zona.

Muebles heredados: Incorpora muebles heredados o antiguos que tengan un significado especial, estos muebles pueden contar historias y agregar un elemento de nostalgia y carácter a la decoración.

Notas personalizadas: Deja notas personalizadas o mensajes de bienvenida escritos a mano para los huéspedes. Esto muestra atención al detalle y expresa que el propietario se preocupa por hacer que la estancia de los huéspedes sea lo más cómoda y acogedora posible.

Influencia del clima en la decoración

El clima ejerce una influencia profunda en la decoración de cualquier espacio habitable. Desde la elección de materiales hasta la paleta de colores y la iluminación, cada aspecto del diseño interior debe adaptarse a las condiciones climáticas locales para garantizar la comodidad y el bienestar de sus ocupantes. En climas cálidos y húmedos, por ejemplo, es crucial optar por materiales transpirables y resistentes a la humedad, como el bambú y el lino, que ayuden a mantener el espacio fresco y ventilado. Mientras tanto, en regiones con climas fríos, es esencial seleccionar materiales cálidos y acogedores, como la madera y la lana, que aporten calidez y confort al ambiente.

Los colores y las texturas también desempeñan un papel fundamental en la adaptación al clima. En climas cálidos, los tonos claros y frescos pueden contribuir a refrescar el espacio visualmente, mientras que, en climas fríos, los colores cálidos y profundos pueden crear una sensación de calidez. Del mismo modo, las texturas pueden influir en la percepción del clima; las telas ligeras y suaves son ideales para climas cálidos, mientras que las texturas gruesas y pesadas pueden proporcionar confort en climas más fríos.

Además, es importante considerar el acondicionamiento del espacio para garantizar una temperatura interior adecuada durante todo el año. En climas extremos, como los muy calurosos o los muy fríos, es esencial contar con sistemas de calefacción, ventilación y aire acondicionado eficientes. Adaptar la decoración al clima local no solo mejora la funcionalidad del espacio, sino que también contribuye a crear un ambiente acogedor y armonioso que refleje las necesidades y preferencias de sus habitantes.

El diseño y la decoración desempeñan un papel fundamental en el alquiler de habitaciones, ya que no solo contribuyen a crear espacios visualmente atractivos, sino que también ofrecen una experiencia única y satisfactoria para los huéspedes. Al considerar las ventajas de una decoración cuidadosamente planificada, se hace evidente su impacto positivo en el éxito general del negocio de alquileres.

Reflexión

Una de las principales ventajas es el aumento de la tasa de ocupación. Los espacios bien diseñados y decorados atraen más huéspedes, lo que se traduce en una mayor demanda y una ocupación más frecuente de la propiedad. Esto permite al propietario mantener el inmueble ocupado de manera constante, maximizando así los ingresos generados por el alquiler.

Además, la decoración adecuada puede acelerar el proceso de alquiler, permitiendo que la propiedad se arriende más rápidamente. Los inquilinos se sienten atraídos por espacios que ofrecen comodidad y estilo, lo que facilita la toma de decisiones y agiliza el proceso de reserva. Esto se traduce en una posibilidad de generar ingresos de manera más rápida y eficiente.

Otra ventaja importante es la posibilidad de establecer precios de alquiler más altos. Los espacios visualmente atractivos y bien decorados tienen un mayor valor percibido, lo que permite al propietario fijar precios más competitivos y rentables. Los inquilinos están dispuestos a pagar más por una experiencia de calidad, lo que se traduce en mayores ganancias para el propietario.

La fidelización de huéspedes satisfechos es otro beneficio clave de una decoración bien pensada. Los inquilinos que disfrutan de su estancia y se sienten cómodos en el entorno son más propensos a volver en el futuro y a recomendar la propiedad a otros. Esto crea una base de clientes leales que contribuyen a la estabilidad y al éxito a largo plazo del negocio de alquiler.

En resumen, el diseño y la decoración juegan un papel crucial en el éxito del alquiler de habitaciones, proporcionando una serie de ventajas tangibles tanto para el propietario como para los huéspedes. Al invertir en una decoración de calidad, los propietarios pueden aumentar la tasa de ocupación, acelerar el proceso de alquiler, establecer precios más altos, fidelizar a los huéspedes y mejorar la imagen de su propiedad en plataformas de alquiler y redes sociales.

Qué tomar en cuenta para el nuevo presupuesto de distribución

Es prioritario elaborar un presupuesto detallado para la nueva distribución y remodelación de una propiedad destinada al alquiler de habitaciones para garantizar el éxito del proyecto y evitar sorpresas financieras desagradables en el camino. Este proceso no solo implica calcular los costos estimados de la remodelación, sino también identificar y considerar todos los rubros y gastos asociados con la adaptación de la casa o propiedad para ofrecer habitaciones en alquiler.

En primer lugar, es crucial tener en cuenta los costos de mano de obra, que incluyen los honorarios de arquitectos, diseñadores de interiores, contratistas y trabajadores especializados que participarán en la remodelación. Estos profesionales desempeñan un importante papel en la planificación y ejecución del proyecto, por lo que es determinante asignar un presupuesto adecuado para sus servicios.

Además, se deben calcular los costos de los materiales de construcción y acabado necesarios para llevar a cabo la remodelación. Esto incluye materiales como pintura, pisos, azulejos, grifería, iluminación, carpintería y cualquier otro elemento necesario para crear el ambiente deseado en las habitaciones y áreas comunes.

Otro aspecto importante que considerar son los costos relacionados con la adaptación de las áreas comunes, como la sala, el comedor, la cocina y el área de lavado, para su uso compartido por los inquilinos. Esto puede implicar la instalación de electrodomésticos nuevos, la compra de muebles y accesorios adicionales, y la implementación de mejoras en la infraestructura, como la instalación de sistemas de almacenamiento adecuados.

Además, hay que tener en cuenta los costos asociados con la instalación o mejora de servicios básicos como electricidad, fontanería, calefacción, ventilación y aire acondicionado. Estos servicios son esenciales para garantizar el confort y la seguridad de los huéspedes, por lo que es importante asignar recursos suficientes para su instalación y mantenimiento.

Elaborar un presupuesto detallado y exhaustivo para la nueva distribución y remodelación de una propiedad destinada al alquiler de habitaciones es esencial para garantizar el éxito del proyecto y asegurarse de que se lleve a cabo dentro de los límites financieros establecidos.

Estrategias de financiamiento y levantamiento de capital

En esta era de emprendimiento y creatividad, el dinero ya no debe ser una barrera infranqueable para hacer realidad tus sueños empresariales. En este capítulo, exploraremos cómo superar la objeción común de no tener suficiente capital para lanzar tu negocio de renta de habitaciones amuebladas. Descubre estrategias ingeniosas y opciones financieras que te permitirán convertir tus ambiciones en realidades tangibles.

Un negocio de renta de habitaciones amuebladas ofrece una oportunidad sólida para emprender en un mercado en constante demanda, con potencial para ingresos pasivos y crecimiento. La barrera del dinero, desmitificando la falta de capital como obstáculo principal.

Dinero propio: Tu punto de partida

Contar con ahorros propios puede ser un punto de partida sólido para financiar tu negocio de renta de habitaciones. Utilizar tus propios recursos te brinda un mayor control sobre tus finanzas y evita incurrir en deudas externas. Sin embargo, es importante evaluar cuidadosamente la cantidad de ahorros disponibles y determinar si es suficiente para cubrir los gastos iniciales y mantener la operación del negocio hasta que comience a generar ingresos de manera estable.

Por otro lado, el uso de tarjetas de crédito también puede ser una opción para cubrir los gastos iniciales. Sin embargo, esta alternativa debe ser manejada con precaución debido a las altas tasas de interés asociadas con este tipo de financiamiento. Es prioritario tener un plan claro para el pago de las deudas acumuladas y evitar sobrepasar los límites de endeudamiento. Antes de elegir esta opción, es recomendable analizar detenidamente tu capacidad de pago y explorar otras alternativas de financiamiento que puedan ser más favorables a largo plazo.

El Poder de las relaciones personales

El respaldo financiero de amigos y familiares puede ser una valiosa fuente de financiamiento para aquellos que buscan emprender un negocio de renta de habitaciones amuebladas. Estas personas cercanas pueden estar dispuestas a ofrecer préstamos con términos flexibles y tasas de interés favorables, lo que permite obtener capital sin depender exclusivamente de instituciones financieras. Además, la opción de convertir a amigos y familiares en socios del negocio puede ser una estrategia atractiva. Al compartir la inversión y los beneficios, se fortalecen los lazos personales mientras se obtiene el respaldo necesario para llevar a cabo el proyecto.

Sin embargo, es trascendental establecer términos claros y transparentes al solicitar financiamiento a amigos y familiares. Se deben delinear claramente los términos del préstamo o la participación como socios, evitando posibles malentendidos o conflictos en el futuro. Sobra decir lo estratégico que resulta mantener una comunicación abierta y honesta para gestionar adecuadamente las expectativas y garantizar una relación armoniosa tanto en el ámbito personal como empresarial.

Explorando opciones externas

Explorar opciones externas de financiamiento puede ofrecer una variedad de alternativas para obtener los fondos necesarios para tu negocio de renta de habitaciones amuebladas. Una opción común es buscar préstamos tanto de prestamistas individuales como de instituciones financieras. Estos préstamos pueden variar en términos y condiciones, por lo que es importante comparar las opciones disponibles y seleccionar la que mejor se adapte a tus necesidades financieras y capacidad de pago.

Además, si cuentas con una propiedad, otra alternativa a considerar es una hipoteca de liquidez. Mediante este tipo de préstamo, puedes utilizar el valor acumulado en tu propiedad como garantía para obtener el financiamiento necesario para tu negocio. La hipoteca de liquidez puede ofrecer tasas de interés favorables y plazos flexibles, lo que la convierte en una opción atractiva para aquellos que buscan capitalizar el valor de su propiedad sin necesidad de venderla. Sin embargo, es importante evaluar detenidamente los riesgos y beneficios asociados con este tipo de financiamiento antes de tomar una decisión.

Creatividad en acción

Una estrategia creativa para obtener los recursos necesarios para tu negocio de renta de habitaciones amuebladas es intercambiar tus habilidades o servicios por los servicios profesionales que necesitas. Por ejemplo, si eres hábil en diseño gráfico, podrías ofrecer tus servicios a cambio de la asesoría de un diseñador de interiores para mejorar la decoración de tus propiedades. Este tipo de trueque puede ser beneficioso tanto para ti como para el profesional involucrado, ya que permite el intercambio de habilidades sin necesidad de utilizar efectivo.

Además, vender activos no utilizados es otra forma efectiva de obtener fondos adicionales para financiar tu negocio. Puedes considerar la venta de bienes como muebles, equipos electrónicos, o cualquier otro artículo que ya no necesites o utilices. Los ingresos generados de estas ventas pueden destinarse a cubrir los gastos iniciales de la remodelación y decoración de tus propiedades, contribuyendo así al éxito de tu negocio de alquiler de habitaciones amuebladas.

Recursos de tu empleo y financiamiento corporativo

Algunas instituciones financieras ofrecen préstamos respaldados por tu nómina mensual, lo que significa que el pago del préstamo se deducirá automáticamente de tu salario cada mes. Este tipo de préstamo puede ser conveniente si tienes un empleo estable y una fuente de ingresos constante. Por otro lado, si eres empleado, algunas empresas permiten tomar préstamos de tu fondo de ahorro interno. Estos préstamos suelen tener tasas de interés bajas y términos favorables, ya que utilizan tus propios ahorros como garantía. Sin embargo, es importante evaluar cuidadosamente los términos y condiciones de cualquier préstamo antes de comprometerte, para asegurarte de que sea una opción viable para tu situación financiera.

Explorando el apoyo gubernamental y organizacional

Explorar el apoyo gubernamental y organizacional puede ser una estrategia efectiva para obtener financiamiento para tu negocio. Los organismos gubernamentales, como las agencias de desarrollo económico, a menudo ofrecen programas de financiamiento diseñados específicamente para emprendedores. Estos programas pueden incluir subvenciones, préstamos con tasas de interés preferenciales o asistencia técnica para desarrollar tu plan de negocios. Además, es importante conectarse con grupos y comunidades que ofrecen asistencia financiera. Estos pueden incluir organizaciones locales de empresarios, cámaras de comercio y redes profesionales. Estos grupos a menudo pueden proporcionar orientación, recursos y contactos que pueden ser valiosos para asegurar el financiamiento necesario para tu negocio.

Por otro lado, aprovechar los programas de apoyo para emprendedores también puede proporcionar acceso a recursos adicionales, como capacitación empresarial, mentoría y redes de contactos. Estas oportunidades pueden ayudarte a fortalecer tu plan de negocios, desarrollar tus habilidades empresariales y establecer relaciones con otros empresarios y profesionales del sector. Al participar en estos programas, no solo puedes obtener financiamiento para tu negocio, sino también construir una base sólida para su éxito a largo plazo.

Hacia la acción: Planifica tu futuro empresarial

Planificar tu futuro empresarial es crucial para el éxito de tu negocio de renta de habitaciones amuebladas. Para ello, es fundamental diseñar un plan financiero sólido que detalle tus objetivos, estrategias y proyecciones financieras. Este plan debe incluir un análisis detallado de los costos de inversión, gastos operativos, ingresos proyectados y estrategias de financiamiento. Además, considera la importancia de buscar asesoría financiera y legal para garantizar que tu plan sea sólido y esté alineado con las regulaciones y leyes vigentes. Un asesor financiero puede brindarte orientación experta sobre cómo estructurar tus finanzas y maximizar el rendimiento de tu inversión, mientras que un asesor legal puede ayudarte a evitar problemas legales y tomar decisiones informadas.

Es fundamental adoptar una mentalidad proactiva y convertir los obstáculos en oportunidades. Si bien es posible que te encuentres con desafíos financieros en el camino, recuerda que cada obstáculo presenta una oportunidad para crecer y aprender. En lugar de sentirte abrumado por las dificultades financieras, busca soluciones creativas y estratégicas para superarlas. Esto puede implicar explorar nuevas fuentes de financiamiento, ajustar tu plan de negocios o buscar alianzas estratégicas con otros empresarios. Al adoptar una actitud positiva y proactiva, podrás superar cualquier obstáculo financiero y convertir tu negocio de renta de habitaciones amuebladas en una realidad.

Finalmente, recuerda que el éxito empresarial no ocurre de la noche a la mañana y requiere dedicación, perseverancia y trabajo arduo. Si estás dispuesto a comprometerte con tu visión y tomar medidas concretas para alcanzar tus objetivos, estarás en el camino correcto para construir un negocio exitoso y rentable. Con un plan financiero sólido, asesoramiento experto y una mentalidad orientada a la acción, puedes convertir tus sueños empresariales en una exitosa realidad.

Identidad de marca y promoción

En el competitivo mundo de los negocios de renta de habitaciones, la creación de una identidad de marca sólida es esencial para destacarse en el mercado y atraer a potenciales huéspedes. Una marca bien definida no solo proporciona una imagen distintiva, sino que también transmite confianza, profesionalismo y calidad. Por lo tanto, contar con elementos como un nombre comercial único, un logo atractivo y una página web bien diseñada es necesaria para el éxito a largo plazo de tu negocio.

IMPORTANCIA DE UNA IDENTIDAD DE MARCA

La identidad de marca es la cara de tu negocio, es lo que hace que te distingas de la competencia y te conectes con tu público objetivo. Un nombre comercial memorable y fácil de recordar ayuda a que los clientes potenciales te encuentren más fácilmente y asocien tu negocio con una experiencia positiva. Además, un logo bien diseñado refleja la personalidad y los valores de tu negocio, creando una impresión duradera en la mente de los huéspedes.

SOLIDEZ Y PRESENCIA

Contar con una identidad de marca sólida y coherente transmite profesionalismo y confianza a tus clientes. Una página web bien diseñada proporciona una plataforma para mostrar tus servicios, tarifas y testimonios de clientes, lo que ayuda a generar credibilidad y atraer a más huéspedes. Asimismo, tener presencia en las redes sociales te permite interactuar con tu audiencia, compartir contenido relevante y promocionar ofertas especiales, lo que contribuye a fortalecer la percepción de tu marca y a aumentar tu visibilidad en línea.

PROMOCIÓN Y PRESENCIA EN PLATAFORMAS DE ALQUILER

Utilizar las redes sociales y las plataformas de alquiler es una estrategia efectiva para promocionar tu negocio y llegar a un público más amplio. Publicar contenido regularmente en plataformas inmobiliarias o grupos de ventas de Facebook aumenta la visibilidad de tu propiedad y te ayuda a captar la atención de potenciales huéspedes. Además, aprovechar las redes sociales para compartir fotos, videos y reseñas de tus habitaciones crea una comunidad en línea y fomenta la participación de tus seguidores, lo que puede traducirse en reservas adicionales y una mayor fidelización de clientes.

La creación de una identidad de marca sólida es esencial para el éxito de tu negocio de renta de habitaciones. Desde un nombre comercial memorable hasta un logo atractivo y una presencia activa en línea, cada elemento contribuye a fortalecer la imagen de tu marca y atraer a más huéspedes. Al invertir en la construcción de una identidad de marca coherente y profesional, estás sentando las bases para un negocio próspero y duradero en la industria de la hospitalidad.

Estrategia de precios y rentabilidad

Establecer precios de alquiler competitivos y rentables es fundamental para el éxito a largo plazo de tu negocio de renta de habitaciones. En este capítulo exploraremos los factores que influyen en la fijación de precios y los elementos clave a considerar al establecer tarifas atractivas para los huéspedes y rentables para el propietario.

La ubicación de tu propiedad es un factor crítico en la determinación de los precios. Las habitaciones ubicadas en zonas céntricas o cerca de atracciones turísticas tienden a tener una mayor demanda y, por lo tanto, pueden permitirse tarifas más altas. Además, el tamaño de la habitación y las comodidades que ofrece, como baño privado, acceso a áreas comunes y estacionamiento, también influyen en los precios. Es esencial investigar los precios de alquiler de habitaciones similares en tu área para asegurarte de ser competitivo y ajustar tus tarifas en consecuencia. La temporada y la demanda también son consideraciones importantes: durante períodos de alta demanda, como festivales o eventos locales, puedes aumentar tus tarifas, mientras que, en temporadas bajas, es posible que necesites ofrecer descuentos para atraer huéspedes.

Para mantener un mejor control sobre la rentabilidad, es necesario establecer un margen adecuado desde la concepción del proyecto. Vigila el ingreso promedio por metro cuadrado, asegurándote de que la administración represente como máximo el 18 % de los ingresos brutos, la desocupación anual esté por debajo del 10 %, los gastos mensuales no superen el 8 %, y que el mantenimiento preventivo oscile entre el 5 y 7 %. Además, se recomienda establecer un ingreso promedio por metro cuadrado de alrededor de $181.00 pesos para garantizar un margen saludable y la rentabilidad a largo plazo.

Además, es esencial considerar los costos operativos, como servicios públicos, mantenimiento, limpieza y *marketing*, al establecer tus precios. Asegúrate de que tus tarifas cubran estos gastos y te proporcionen una ganancia adecuada. Define el margen de rentabilidad deseado y ajusta tus precios en consecuencia, teniendo en cuenta el valor percibido por tus huéspedes. Mantén cierta flexibilidad en tus precios para adaptarte a cambios en la demanda o circunstancias inesperadas, y ofrece descuentos o promociones especiales según sea necesario. Al comprender y tener en cuenta estos factores, podrás establecer precios de alquiler competitivos, rentables y atractivos para tus huéspedes.

Documentación para una operación tranquila

Para promover un hospedaje tranquilo y seguro en tu negocio de alquiler de habitaciones, es imprescindible contar con la documentación adecuada. Esta documentación no solo protegerá legalmente tu negocio, sino que también establecerá claramente los términos y condiciones de la estadía de tus huéspedes.

SOLICITUD Y CONTRATO DE HOSPEDAJE:

Uno de los documentos más importantes es la solicitud y el contrato de hospedaje. Este último debe incluir información detallada sobre ambas partes: el arrendador y el huésped. Debe especificar claramente el precio acordado, la duración del contrato, el depósito en garantía y las penalizaciones por retraso en el pago. También es crucial detallar las responsabilidades de cada parte, como los desperfectos que pueda ocasionar el huésped y las condiciones que deben cumplir durante su estancia. Además, se debe incluir una cláusula sobre las causas de desalojo y los procedimientos a seguir en caso de incumplimiento.

REQUISITOS PARA EL HOSPEDAJE:

Para asegurarte de que tus huéspedes cumplan con los requisitos necesarios, es elemental establecer criterios claros desde el principio. Esto puede incluir tener entre 18 y 35 años, dependiendo del nicho de mercado que elijas, proporcionar un mes de renta y un mes de depósito, que se devolverá al finalizar la estadía y dejar las instalaciones en las condiciones en que le fueron entregadas. Además, los huéspedes deben presentar una identificación oficial, un comprobante de ingresos y llenar una solicitud de hospedaje. Es importante también establecer un contrato mínimo de 6 meses para garantizar la estabilidad en el negocio y evitar fluctuaciones constantes en la ocupación.

ASESORAMIENTO ESPECIALIZADO:

Aunque un abogado puede ofrecerte asesoramiento le - gal, es esencial contar con el conocimiento de alguien que comprenda las particularidades del negocio de alquiler de habitaciones. Este conocimiento especializado te permitirá elaborar documentos y requisitos que se ajusten específica - mente a las necesidades de tu negocio.

Como podrás darte cuenta, la documentación adecuada es un punto neurálgico para asegurar un hospedaje tranquilo y exitoso en tu negocio de alquiler de habitaciones. Dedica tiempo y esfuerzo a elaborar estos documentos y requisitos, y asegúrate de mantenerlos actualizados y en cumplimiento con las leyes y regulaciones locales. Con una documentación sólida y bien organizada, podrás operar tu negocio con confianza y brindar una experiencia satisfactoria a tus huéspedes.

NORMAS DE SANA CONVIVENCIA PARA HUÉSPEDES:

En nuestro negocio de alquiler de habitaciones es muy muy importante establecer normas de convivencia que promuevan un ambiente armonioso y respetuoso entre todos los huéspedes. Estas normas no solo garantizan la comodidad y seguridad de todos los residentes, sino que también con - tribuyen a mantener la integridad del espacio compartido. Estas son algunas normas que te pueden ser de utilidad en tu negocio:

1. **Limpieza del área común:** Todos los huéspedes deben comprometerse a mantener limpias las áreas comunes que utilicen, incluyendo la cocina, el área de lavado y la sala de estar. Esto garantiza un ambiente higiénico y agradable para todos.

2. **Apoyo en la gestión de residuos:** Se espera que cada huésped colabore sacando la basura el día que le corresponda, contribuyendo así al mantenimiento de la limpieza y el orden en el lugar.

3. **Uso eficiente de los recursos:** Es importante que los huéspedes apaguen las luces y moderen el volumen de sus dispositivos electrónicos para evitar molestias innecesarias y contribuir al ahorro de energía.

4. **Restricciones de edad y mascotas:** No se permiten menores de edad ni mascotas en las instalaciones para garantizar la tranquilidad y seguridad de todos los residentes.

5. **Control de visitas:** Las visitas están permitidas en un horario específico, de 8:00 am a 10:00 pm, y se solicita a los huéspedes mantener un comportamiento adecuado y respetar la privacidad de los demás residentes.

6. **Seguridad de acceso:** Es obligatorio mantener con llave la puerta de entrada a la casa en todo momento para evitar ingresos no autorizados y garantizar la seguridad de los residentes.

7. **Restricción en reuniones**: Se limita el número de personas en reuniones a un máximo de tres, con el fin de evitar aglomeraciones y garantizar un ambiente tranquilo para todos.

8. **Prohibición de elementos peligrosos:** Queda estrictamente prohibido encender velas, veladoras o incienso, así como el uso de armas de fuego, sustancias tóxicas y drogas en las instalaciones.

9. **No fumar:** Se prohíbe fumar dentro de la propiedad para mantener un ambiente libre de humo y promover la salud de todos los residentes.

Estas normas de convivencia nos ayudan a asegurar una estadía pacífica y agradable para todos los huéspedes. Al seguir estas reglas, cada residente contribuye al bienestar colectivo y al mantenimiento de un ambiente acogedor en nuestro negocio de alquiler de habitaciones.

Integración del expediente del huésped

Para asegurar un proceso de selección ordenado y garantizar la seguridad y la convivencia armoniosa en la propiedad, es fundamental que cada huésped proporcione cierta documentación antes de formalizar su estancia. Esta información ayuda a verificar la identidad y los antecedentes del inquilino, y a asegurar que cumplen con los requisitos necesarios para residir en la propiedad. A continuación, se detalla la documentación solicitada:

IDENTIFICACIÓN OFICIAL VIGENTE

Cada huésped debe presentar una identificación oficial vigente. Esto puede incluir una tarjeta de identificación nacional, pasaporte, licencia de conducir u otra forma de identificación emitida por el gobierno que contenga una fotografía y datos personales.

INFORMACIÓN LABORAL O EDUCATIVA

Dependiendo de la situación del huésped, se solicitará:

- Para trabajadores: Datos de la empresa donde labora o laborará, incluyendo dirección, teléfono, nombre de su jefe inmediato y correo electrónico de contacto. Esta información es esencial para verificar la estabilidad laboral del huésped.

- Para estudiantes: Nombre y dirección de la universidad o escuela, así como la carrera que cursará. Esta información ayuda a confirmar la inscripción del estudiante y su compromiso con los estudios.

COMPROBANTE DE INGRESOS:

El huésped o la persona que pagará la renta debe proporcionar un comprobante de ingresos. Esto puede incluir recibos de nómina, estados de cuenta bancarios o cualquier otro documento que demuestre la capacidad financiera para cubrir el costo del alquiler. Este requisito asegura que el huésped tiene los recursos necesarios para cumplir con sus obligaciones financieras.

DATOS DE UN FAMILIAR O AMIGO:

Se debe proporcionar información de contacto de un familiar o amigo. Esto incluye el nombre completo, dirección, teléfono y relación con el huésped. Esta información es útil en caso de emergencias o situaciones que requieran contactar a alguien cercano al huésped.

SOLICITUD DE HOSPEDAJE:

El huésped debe completar una solicitud de hospedaje, que incluye datos personales, información de contacto, detalles laborales o educativos y cualquier otra información relevante. Esta solicitud sirve como base para la evaluación inicial del potencial huésped.

FIRMA DE CONTRATO:

Finalmente, se requiere la firma de un contrato de arrendamiento. Este documento establece los términos y condiciones del alquiler, incluyendo la duración de la estancia, el monto de la renta, las responsabilidades del huésped y las reglas de convivencia. La firma del contrato formaliza el acuerdo y compromete al huésped a cumplir con todas las obligaciones establecidas.

Cumplir con estos requisitos de documentación es esencial para asegurar que cada huésped esté debidamente registrado y que tanto el propietario como los otros residentes puedan confiar en la seguridad y estabilidad del entorno habitacional.

Plantillas de ingresos y egresos para tu negocio

Para llevar un control preciso de las finanzas de tu negocio de alquiler de habitaciones, es crucial contar con herramientas que te permitan registrar y analizar tus ingresos y gastos de manera efectiva. Las plantillas de ingresos y egresos proporcionan una estructura organizada para registrar todas las transacciones financieras de tu negocio, lo que te permite tomar decisiones informadas y mantener un flujo de efectivo saludable.

Ejemplo de registro de renta mensual por propiedad y por habitación:

RENTAS (año)

HAB #	ENERO			FEBRERO			MARZO			NOVIEMBRE			DICIEMBRE			SUMA
	RENTA	OTROS	TOTAL	RENTA	OTROS	TOTAL	RENTA	OTROS	TOTAL	RENTA	OTROS	TOTAL	RENTA	OTROS	TOTAL	TOTAL
1			$ -			$ -			$ -			$ -			$ -	$ -
2			$ -			$ -			$ -			$ -			$ -	$ -
3			$ -			$ -			$ -			$ -			$ -	$ -
4			$ -			$ -			$ -			$ -			$ -	$ -
5			$ -			$ -			$ -			$ -			$ -	$ -
6			$ -			$ -			$ -			$ -			$ -	$ -
7			$ -			$ -			$ -			$ -			$ -	$ -
8			$ -			$ -			$ -			$ -			$ -	$ -
9			$ -			$ -			$ -			$ -			$ -	$ -
10			$ -			$ -			$ -			$ -			$ -	$ -
	$ -	$ -	$ -	$ -	$ -	$ -	$ -	$ -	$ -	$ -	$ -	$ -	$ -	$ -	$ -	$ -

Esta plantilla te permite registrar todos los ingresos generados por el alquiler de habitaciones, incluyendo el monto de la renta mensual de cada huésped, depósitos de garantía y cualquier otro ingreso adicional, como servicios adicionales ofrecidos a los residentes. Al utilizar esta plantilla, podrás tener una visión clara y detallada de tus ingresos totales y su distribución a lo largo del tiempo.

PLANTILLA DE EGRESOS:

Por otro lado, en la plantilla de egresos puedes registrar todos los gastos asociados con la operación de tu negocio. Esto incluye gastos fijos como el pago de servicios públicos (luz, agua, gas, internet), salarios del personal de limpieza, consumibles para el mantenimiento de las instalaciones, impuestos y otros gastos administrativos. Al utilizar esta plantilla, conseguirás identificar áreas de gasto excesivo y tomar medidas para optimizar tus costos operativos.

BENEFICIOS DE LAS PLANTILLAS:

- Organización: Las plantillas te ayudan a mantener todos tus registros financieros organizados en un solo lugar, lo que facilita el seguimiento y la gestión de tus finanzas.

- Control de gastos: Al registrar todos tus gastos de manera detallada, podrás identificar áreas en las que puedas reducir costos y mejorar la rentabilidad de tu negocio.

- Toma de decisiones: Con datos precisos sobre tus ingresos y gastos, podrás tomar decisiones informadas para el crecimiento y la expansión de tu negocio, así como planificar estrategias para maximizar tu rentabilidad.

CONCENTRADO INGRESOS Y EGRESOS												
INGRESO (año)	ENERO	FEBRERO	MARZO	ABRIL	MAYO	JUNIO	JULIO	AGOSTO	SEP	OCT	NOV	DIC	TOTAL
	$ -	$ -	$ -	$ -	$ -	$ -	$ -	$ -	$ -	$ -	$ -	$ -	$ -

Gastos operación												
CONCEPTO	ENERO	FEBRERO	MARZO	ABRIL	MAYO	JUNIO	JULIO	AGOSTO	SEP	OCT	NOV	DIC	TOTAL
AGUA													$ -
LUZ (Ana Isabel)													$ -
LUZ (Luis Enrique)													$ -
TOTALPLAY													$ -
LIMPIEZA													$ -
GAS natural													$ -
ADMINISTRACION	$ -	$ -	$ -	$ -	$ -	$ -	$ -	$ -	$ -	$ -	$ -	$ -	$ -
IMPUESTOS													$ -
CONTADOR	$ -												$ -
Suma	$ -	$ -	$ -	$ -	$ -	$ -	$ -	$ -	$ -	$ -	$ -	$ -	$ -
Arreglos y reparacione	$ -	$ -	$ -	$ -	$ -	$ -	$ -	$ -	$ -	$ -	$ -	$ -	$ -
HIPOTECA	$ -	$ -	$ -	$ -	$ -	$ -	$ -	$ -	$ -	$ -	$ -	$ -	$ -
Total Gastos	$ -	$ -	$ -	$ -	$ -	$ -	$ -	$ -	$ -	$ -	$ -	$ -	$ -
Saldo	$ -	$ -	$ -	$ -	$ -	$ -	$ -	$ -	$ -	$ -	$ -	$ -	$ -

Al utilizar estas plantillas de ingresos y egresos, podrás llevar un control efectivo de las finanzas de tu negocio y garantizar su éxito a largo plazo. Con una gestión financiera sólida, estarás mejor preparado para enfrentar los desafíos y aprovechar las oportunidades que se presenten en el mercado de alquiler de habitaciones.

Puesta en marcha y administración

OPERACIÓN Y ADMINISTRACIÓN EFICIENTES

Al poner en marcha tu negocio de alquiler de habitaciones, es fundamental establecer procesos y políticas de administración eficientes desde el principio. Esto garantizará que la operación diaria de tu negocio se lleve a cabo de manera organizada y efectiva. Define claramente las responsabilidades del personal, los procedimientos para el registro de huéspedes, el manejo de reservas y cualquier otro aspecto relacionado con la operación del negocio.

LA IMPORTANCIA DE UN SISTEMA DE MANTENIMIENTO Y LIMPIEZA

El mantenimiento adecuado de las instalaciones es esencial para garantizar la satisfacción de los huéspedes y mantener la reputación de tu negocio. Establece un sistema de mantenimiento preventivo para realizar inspecciones regulares de las habitaciones y áreas comunes, identificar y solucionar cualquier problema de manera oportuna y mantener todo en condiciones óptimas. Asimismo, la limpieza periódica y exhaustiva de las instalaciones es crucial para proporcionar un ambiente cómodo y agradable para los huéspedes.

CONTRATACIÓN DE UN ADMINISTRADOR PARA LA GESTIÓN

Considera la posibilidad de contratar a un administrador para encargarse de la gestión diaria del negocio. Un administrador capacitado puede realizar tareas como la atención al cliente, la coordinación del personal, la gestión de reservas, la supervisión del mantenimiento y la solución de problemas operativos. Esto te permitirá centrarte en aspectos estratégicos de tu negocio y garantizar un servicio de alta calidad para tus huéspedes.

Al establecer procesos y políticas de administración eficientes, implementar un sistema de mantenimiento y limpieza adecuado y considerar la contratación de un administrador capacitado, estarás preparado para poner en marcha y administrar con éxito tu negocio de alquiler de habitaciones. Esto te permitirá brindar un servicio excepcional a tus huéspedes y alcanzar el éxito a largo plazo en el competitivo mercado de la hospitalidad.

Te presentamos algunas de las actividades y tareas que deberás llevar a cabo o bien si contratas a un administrador:

El administrador asumirá la responsabilidad de coordinar todas las actividades relacionadas con la selección y entrada de huéspedes. Esto implica la gestión de citas y agenda para las visitas a la propiedad, las entrevistas a los potenciales huéspedes, el envío de requisitos y reglamento de convivencia, así como la verificación de sus referencias. Además, se encargará de elaborar y firmar los contratos de arrendamiento, explicar detalladamente el reglamento a los nuevos huéspedes y entregar las habitaciones y llaves a los huéspedes seleccionados.

En lo que respecta a la administración de huéspedes y reglamento, el administrador recolectará los pagos de alquiler y servicios adicionales, llevará un registro contable de los ingresos generados por los huéspedes y gestionará el inventario y las entregas de habitaciones. Asimismo, supervisará el cumplimiento del reglamento de convivencia, coordinará tareas compartidas entre los huéspedes y aplicará penalizaciones en caso de infracciones. También será responsable de coordinar el proceso de salida de los huéspedes, realizar encuestas de satisfacción y supervisar áreas comunes como la lavandería, terrazas y cocina.

En la administración de mantenimiento y contabilidad, el administrador programará y supervisará el mantenimiento preventivo y extraordinario de la propiedad, coordinará y realizará el pago de servicios públicos e impuestos locales, y gestionará la operación y mantenimiento general de la propiedad. Además, llevará la contabilidad de los egresos relacionados con el mantenimiento, implementará un sistema de gestión de documentos y generará reportes mensuales de contabilidad para control y seguimiento financiero.

En cuanto a la subcontratación de la administración, esta puede ser una opción para liberarte del día a día del negocio. Un buen administrador puede ser una inmobiliaria que administre propiedades, una agencia de rentas especializada en administración de rentas, o un *co-host* de Airbnb. Las características que debe tener un buen administrador incluyen habilidades sociales, honestidad, organización, capacidad para resolver problemas y manejo de tecnología. El contrato de administración debe contener detalles como la comisión del administrador, el periodo de vigencia, el acceso a la propiedad, el reporte mensual, entre otros aspectos relevantes.

Manejo de quejas

En el contexto de un negocio de renta de habitaciones es inevitable que surjan conflictos entre los huéspedes o con el personal de la empresa. Para garantizar un ambiente armonioso y ordenado, es fundamental contar con un procedimiento claro y efectivo para el manejo de quejas. Cualquier huésped que se sienta inconforme con el comportamiento de otro huésped o del personal tiene el derecho de interponer su queja con el administrador. Las quejas pueden presentarse a través de diversas vías: por teléfono, mensaje de texto o correo electrónico, lo que facilita a los huéspedes expresar sus preocupaciones de manera accesible y conveniente.

Una vez recibida la queja, el administrador debe abordar la situación con diligencia y equidad. Esto implica escuchar atentamente al huésped que presenta la queja y luego hablar con la persona acusada del comportamiento inapropiado. El objetivo es mediar entre las partes involucradas para restaurar la paz y el orden en la casa. Es crucial que el administrador maneje estas conversaciones con tacto y profesionalismo, buscando siempre soluciones que sean justas y razonables para todos los implicados.

En los casos donde la acusación resulta ser cierta, el administrador debe recordar al transgresor las reglas de convivencia de la casa y enfatizar la importancia de seguirlas. Esto podría incluir una revisión del reglamento y una advertencia formal. Sin embargo, si el comportamiento problemático persiste, el administrador debe tomar medidas más estrictas. Esto puede incluir pedir al huésped que infringe las normas que deje la casa en un plazo razonable.

Por ejemplo, como sucedió con Roberto (se ha cambiado el nombre del huésped para proteger su identidad), quien frecuentemente ponía música a alto volumen durante la noche y dejaba los trastes sucios en las áreas comunes por lo que el administrador primero le advirtió sobre estos comportamientos. Al no corregir su conducta después de la advertencia, el administrador tuvo el derecho de solicitarle que desalojara la propiedad para mantener un ambiente agradable para los demás huéspedes.

Este proceso debe ser manejado de manera profesional y respetuosa, asegurando que todos los huéspedes comprendan las consecuencias de no seguir las reglas establecidas.

Este enfoque estructurado para el manejo de quejas no solo ayuda a resolver conflictos de manera efectiva, sino que también refuerza un ambiente de respeto y responsabilidad dentro del negocio de renta de habitaciones. Al tener un proceso claro y justo para abordar las quejas, se promueve una convivencia pacífica y se protege la calidad de vida de todos los huéspedes.

Depósito y reembolso

El depósito y reembolso es un aspecto importante en la gestión del negocio. Al firmar el contrato de arrendamiento, se solicita al huésped que deje el equivalente a un mes de renta como depósito de garantía. Este depósito puede ser entregado en efectivo o abonado a una cuenta bancaria. Es importante destacar que esta cantidad de dinero no está sujeta a impuestos, ya que, según el régimen fiscal de arrendamiento, no es obligatorio emitir factura por los depósitos en garantía. Este punto ofrece una ventaja fiscal que simplifica la gestión de estos fondos.

El propósito del depósito es asegurar que el huésped mantenga la habitación en buenas condiciones durante su estancia. Al término del contrato de renta se realiza una inspección detallada de la habitación. Si la habitación se encuentra en las mismas condiciones en que fue entregada, el depósito se reembolsa en su totalidad al huésped. Sin embargo, si se detecta que la habitación o la ropa de cama está sucia, o si algún mobiliario está averiado, se deducirá del depósito el costo de la limpieza, reparación o reemplazo necesario. Solo se reembolsa al huésped la cantidad restante después de cubrir estos gastos.

Es fundamental mantener una política clara respecto al uso del depósito de garantía. Salvo en casos excepcionales, este dinero no debe ser utilizado como parte del pago de la renta mensual. Permitir que el depósito sea usado para cubrir la renta puede resultar en problemas si el huésped decide abandonar la propiedad sin pagar los daños o adeudos pendientes. Esto puede dejar al propietario sin recursos para cubrir los costos de reparación o limpieza, afectando negativamente la operatividad y finanzas del negocio.

Para minimizar riesgos y asegurar la protección del inmueble, es esencial comunicar claramente estas políticas a los huéspedes desde el principio. Incluir estas reglas en el contrato de arrendamiento y revisarlas con el huésped durante la firma del contrato ayudará a establecer expectativas claras y a prevenir malentendidos futuros. Un manejo transparente y justo del depósito de garantía no solo protege la propiedad, sino que también contribuye a construir una relación de confianza con los huéspedes, facilitando una convivencia armoniosa y responsable.

Extensión de estancia

En algunas ocasiones, los huéspedes pueden necesitar extender su estancia más allá del plazo originalmente acordado en el contrato de arrendamiento. La extensión de estancia es una práctica común y se maneja de manera estructurada para asegurar transparencia y equidad tanto para el huésped como para el propietario.

QUÉ ES LA EXTENSIÓN DE ESTANCIA

La extensión de estancia se refiere a la situación en la que un huésped decide permanecer en la propiedad más allá de la fecha de finalización del contrato original. Esta extensión puede ser necesaria por diversos motivos, como retrasos en sus planes de viaje, necesidades laborales inesperadas o problemas personales que requieren una permanencia prolongada.

CÓMO SE MANEJA LA EXTENSIÓN DE ESTANCIA

Cuando un huésped solicita una extensión de su estancia, es importante manejar el proceso de manera organizada y documentada. El huésped debe notificar al administrador con suficiente antelación sobre su intención de extender su estancia. A continuación, se deben revisar y acordar los términos específicos de la extensión, incluyendo la duración y el costo adicional.

Si la extensión es menor a 15 días, se aplicará una tarifa diaria. Para calcular esta tarifa, se divide el monto total de la renta mensual entre 30 días para obtener el costo por noche. Este costo se multiplica por el número de días adicionales que el huésped se quedará en la propiedad. Por ejemplo, si la renta mensual es de $3 500. pesos, el costo por noche sería $117.00 pesos ($3500/30), y si el huésped necesita quedarse 10 días adicionales, el costo sería $1 170.00 pesos ($117 x 10).

COBRO DE LA EXTENSIÓN DE ESTANCIA

El cobro de la extensión de estancia se realiza de la siguiente manera:

1. Estancias de menos de 15 días: Se cobran las noches adicionales según la tarifa diaria calculada. El pago debe ser realizado antes de que el huésped continúe su estancia para asegurar el cumplimiento de los términos acordados.

2. Estancias que exceden los 15 días: Si el huésped necesita quedarse más de 15 días adicionales, se cobra un mes completo de renta. Este pago también debe realizarse por adelantado para formalizar la extensión del contrato.

Es esencial que estos acuerdos se documenten adecuadamente. Una enmienda al contrato original puede ser firmada para reflejar la nueva duración y los costos asociados con la extensión de estancia. Este documento debe incluir todos los términos acordados y ser firmado tanto por el administrador como por el huésped.

Administrar extensiones de estancia de manera eficaz ayuda a mantener la estabilidad financiera y operativa del negocio de renta de habitaciones. Asegurarse de que los huéspedes comprendan las políticas y tarifas relacionadas con las extensiones de estancia contribuirá a evitar malentendidos y garantizará una experiencia positiva para ambas partes. La claridad y transparencia en estos procesos son clave para mantener una buena relación con los huéspedes y asegurar la rentabilidad del negocio.

Días de pago de renta

Para garantizar una gestión eficiente y ordenada de la casa es fundamental establecer días específicos para el pago de la renta. Esto no solo facilita el control financiero, sino que también asegura que se puedan programar los gastos y realizar los pagos de servicios a tiempo, evitando así cualquier interrupción en el funcionamiento del negocio.

Política de pago de renta

La política establecida es que todos los huéspedes deben realizar el pago de la renta dentro de los primeros cinco días naturales de cada mes. Esta medida permite mantener un flujo de caja constante y predecible, lo cual es esencial para la planificación financiera y la cobertura de todos los gastos operativos.

Al recibir todos los pagos en un periodo corto y definido, se simplifica la contabilidad y se reducen las complicaciones asociadas con pagos tardíos o desorganizados. Esta práctica también asegura que se puedan destinar los fondos necesarios para el mantenimiento de la propiedad y el pago de servicios públicos sin retrasos.

BENEFICIOS DE LA POLÍTICA DE PAGO

1. **Programación de gastos:** Tener una fecha de pago establecida permite planificar y programar los gastos de manera efectiva. Se puede prever con precisión cuándo se dispondrá de los fondos necesarios para cubrir las diversas obligaciones financieras del negocio.

2. **Pago puntual de servicios:** Con los ingresos de la renta recibidos a tiempo, se pueden realizar los pagos de servicios públicos, mantenimiento y otros gastos operativos sin retrasos, evitando multas o interrupciones en los servicios.

3. **Control financiero:** Recibir todos los pagos en un periodo específico facilita el control y seguimiento de los ingresos, permitiendo una contabilidad más clara y precisa. Esto es crucial para realizar análisis financieros y tomar decisiones informadas sobre el negocio.

4. **Reducción de estrés administrativo:** Al tener una fecha clara y uniforme para el pago de la renta, se reduce el estrés administrativo tanto para los huéspedes como para el administrador. Todos saben cuándo se espera el pago, lo que disminuye las confusiones y posibles conflictos.

IMPLEMENTACIÓN Y COMUNICACIÓN

Para asegurar el cumplimiento de esta política es importante comunicar claramente las fechas de pago a todos los huéspedes desde el inicio de su contrato. La comunicación puede ser reforzada a través de recordatorios por mensajes de texto, correo electrónico o mediante avisos en el grupo de WhatsApp de la casa.

Es recomendable incluir esta política en el contrato de arrendamiento y revisarla con los huéspedes al momento de firmar el acuerdo. De esta manera se establecen expectativas claras y se asegura que todos estén al tanto de las responsabilidades y fechas importantes.

MANEJO DE PAGOS TARDÍOS

En caso de que un huésped no pueda realizar el pago dentro del periodo establecido, es importante tener un procedimiento claro para manejar los pagos tardíos. Esto puede incluir recordatorios adicionales y, si es necesario, la aplicación de penalizaciones según lo estipulado en el contrato.

Establecer una política de días de pago de renta es una práctica esencial para la gestión eficaz del negocio de renta de habitaciones. No solo facilita la administración financiera, sino que también contribuye a un entorno más organizado y profesional para todos los involucrados.

Visitas que se quedan a pasar la noche

En ocasiones, los huéspedes pueden desear recibir visitas que se queden a pasar la noche en su habitación. Para manejar esta situación de manera ordenada y evitar inconvenientes tanto para el negocio como para los demás huéspedes, se han establecido ciertas normas y tarifas.

NOTIFICACIÓN ANTICIPADA

Es de suma importancia que los huéspedes informen al administrador con anticipación sobre las fechas en las que su visita pernoctará en las instalaciones. Esta medida ayuda a evitar que haya más de una visita nocturna al mismo tiempo, lo que podría saturar las instalaciones y causar inconvenientes a los demás residentes. El administrador debe estar al tanto de todas las visitas nocturnas para mantener un control adecuado y asegurar que la convivencia sea armoniosa.

TARIFAS Y CÁLCULO DEL COSTO

El costo por noche para una visita se calcula dividiendo el total de la renta mensual por 30 días, y luego multiplicando el resultado por el número de noches que la visita se quedará. A este monto se le agrega un 40 % adicional para desincentivar esta práctica. Esta tarifa adicional se debe a varias razones:

1. **Uso adicional de recursos:** Una visita adicional implica un uso extra de recursos como agua, electricidad y espacio en las áreas comunes, lo que puede incrementar los costos operativos.

2. **Convivencia y comodidad:** La presencia de visitas adicionales puede afectar la comodidad y la privacidad de los demás huéspedes. Es importante mantener un equilibrio que favorezca la convivencia pacífica.

3. **Mantenimiento del orden:** Limitar el número de visitas nocturnas y establecer una tarifa adicional ayuda a mantener un orden en la propiedad, evitando que se convierta en un lugar de alta rotación de personas.

RESTRICCIONES Y PAGO ADELANTADO

Para asegurar que las visitas no afecten el funcionamiento regular de la propiedad y la comodidad de los demás huéspedes, se ha establecido que cada huésped puede tener un máximo de tres noches de visitas por mes. Estas noches pueden ser usadas consecutivamente o de manera separada.

El pago por estas noches adicionales debe realizarse por adelantado. Esta política asegura que los costos asociados a las visitas sean cubiertos y se evitan complicaciones financieras posteriores.

Estas normas están diseñadas para garantizar una convivencia armoniosa y mantener el orden en la propiedad. Al seguir estas directrices, se asegura que todos los huéspedes disfruten de un ambiente tranquilo y cómodo, mientras que el negocio sigue operando de manera eficiente y rentable.

Descuentos: cuándo se aplican y qué porcentaje

En el negocio de renta de habitaciones la política de descuentos puede ser una herramienta valiosa para asegurar ocupaciones a largo plazo y mantener la estabilidad financiera de la propiedad. Aunque generalmente no se recomienda ofrecer descuentos en estancias de corto plazo debido a la naturaleza de la estancia media, hay situaciones específicas en las que aplicar descuentos puede ser beneficioso tanto para el propietario como para los huéspedes.

CUÁNDO SE APLICAN LOS DESCUENTOS

Los descuentos se pueden considerar principalmente en dos escenarios:

1. **Estancias a largo plazo:** Si un huésped firma un contrato de alquiler por un año o más, ofrecer un descuento puede ser una estrategia efectiva para asegurar una ocupación prolongada. La estabilidad que ofrece un contrato a largo plazo justifica la reducción en el precio de la renta, ya que minimiza el riesgo de desocupación y los costos asociados con la búsqueda de nuevos inquilinos.

2. **Temporada baja:** Durante los períodos de baja demanda, cuando es más difícil llenar las habitaciones, ofrecer descuentos puede atraer a más huéspedes y mantener la ocupación. La temporada baja puede variar según la ubicación de la propiedad y otros factores externos, como eventos locales o cambios estacionales en la demanda de alquiler.

QUÉ PORCENTAJE DE DESCUENTO APLICAR

El porcentaje de descuento debe ser lo suficientemente atractivo para incentivar a los huéspedes a optar por estancias más largas, pero también debe mantener la rentabilidad del negocio. Aquí se sugieren los rangos de descuento apropiados para diferentes situaciones:

1. **Estancias anuales:** Para contratos de un año o más, se recomienda un descuento que oscile entre el 10 % y el 15 %. Este descuento recompensa al huésped por su compromiso a largo plazo y asegura una fuente de ingresos constante para el propietario.

2. **Temporada baja:** En períodos de baja demanda, se puede aplicar un descuento similar, entre el 10 % y el 15 %, para atraer a nuevos huéspedes y mantener la ocupación. Este ajuste temporal en el precio puede ayudar a evitar la desocupación y los ingresos perdidos.

IMPLEMENTACIÓN DE DESCUENTOS

Para aplicar los descuentos de manera efectiva, sigue estos pasos:

1. **Evaluación de la demanda:** Analiza los patrones de ocupación y la demanda en diferentes períodos del año para identificar las temporadas bajas y las oportunidades para estancias a largo plazo.

2. **Comunicación clara:** Informa a los potenciales huéspedes sobre la disponibilidad de descuentos para estancias a largo plazo o durante la temporada baja. Utiliza canales de comunicación como el sitio web de la propiedad, plataformas de alquiler y anuncios locales.

3. **Contrato de alquiler:** Asegúrate de que cualquier descuento ofrecido esté claramente especificado en el contrato de alquiler. Detalla las condiciones del descuento, incluyendo la duración mínima de la estancia y cualquier otra restricción aplicable.

4. **Seguimiento y revisión:** Monitorea el impacto de los descuentos en la ocupación y la rentabilidad. Revisa y ajusta la política de descuentos según sea necesario para maximizar los beneficios y minimizar cualquier pérdida potencial.

Ofrecer descuentos estratégicos puede ser una herramienta útil para asegurar estancias a largo plazo y mantener la ocupación durante las temporadas bajas. Al aplicar descuentos de manera cuidadosa y basada en datos, puedes atraer a más huéspedes y mantener la rentabilidad de tu negocio de renta de habitaciones. Sin embargo, es crucial equilibrar el atractivo de los descuentos con la necesidad de cubrir los costos operativos y generar ganancias sostenibles.

Personas no aceptadas o rechazadas

En la gestión de este negocio, la selección adecuada de los huéspedes es decisivo para mantener un ambiente armónico y seguro. Aunque es poco frecuente, hay ocasiones en las que se debe rechazar a un prospecto de huésped. A continuación se detallan las razones más comunes por las cuales un prospecto puede ser rechazado y los criterios utilizados para tomar estas decisiones.

MOTIVOS DE LA NO ACEPTACIÓN O RECHAZO

Insolvencia económica: Uno de los motivos más comunes para rechazar a un prospecto es la falta de ingresos fijos o suficientes para cubrir la renta. Si el prospecto no puede demostrar que tiene una fuente estable de ingresos, o si no está dispuesto a dejar el depósito requerido, es probable que tenga problemas futuros para pagar la renta puntualmente. Este factor es fundamental para asegurar la estabilidad financiera del negocio y evitar posibles conflictos por impagos.

Mal comportamiento: La revisión del perfil social del prospecto también juega un papel importante en la decisión de aceptación. Si el contenido de su perfil en redes sociales no inspira confianza o revela comportamientos que puedan ser disruptivos, se considera prudente rechazar la solicitud. Esto ayuda a prevenir problemas de convivencia y mantener un entorno seguro y respetuoso para todos los huéspedes.

Dificultad para acoplarse a la comunidad: Vivir en un entorno compartido requiere ciertas habilidades sociales y la capacidad de adaptarse a la vida comunitaria. Si durante la entrevista o en las interacciones iniciales el prospecto muestra señales de que podría tener dificultades para adaptarse a la convivencia, esto puede ser motivo de rechazo. La armonía entre los huéspedes es esencial para un ambiente tranquilo y colaborativo, y es importante seleccionar personas que puedan contribuir positivamente a esta dinámica.

PROCEDIMIENTO DE RECHAZO

El proceso de rechazo debe ser manejado con profesionalismo y respeto. Aquí se detallan los pasos recomendados:

1. **Evaluación inicial:** Durante la evaluación inicial, recopila toda la información relevante sobre el prospecto, incluyendo su situación financiera, comportamiento en redes sociales y actitud hacia la vida comunitaria.

2. **Comunicación clara:** Si se decide rechazar al prospecto, comunica la decisión de manera clara y profesional. Es importante ser directo pero cortés, explicando las razones de la decisión de forma objetiva.

3. **Confidencialidad:** Mantén la confidencialidad de la información proporcionada por el prospecto y evita compartir detalles innecesarios con terceros. La privacidad y el respeto son fundamentales en todo el proceso.

4. **Orientación y alternativas:** Si es posible, ofrece orientación sobre otras opciones de alojamiento que puedan ser más adecuadas para el prospecto. Esto muestra empatía y profesionalismo, dejando una buena impresión a pesar del rechazo.

EJEMPLO DE SITUACIÓN DE RECHAZO

Un ejemplo típico de una situación de rechazo podría ser un prospecto de huésped llamado Sebastián, quien manifestó no tener ingresos fijos y no estaba dispuesto a dejar el depósito requerido. Además, al revisar su perfil social, se encontraron publicaciones que indicaban un estilo de vida incompatible con las normas de la casa. Por estos motivos, se decidió no aceptar a Roberto como huésped, ya que presentaba un alto riesgo de problemas futuros en términos de pago y convivencia.

Rechazar a un prospecto de huésped no es una tarea agradable, pero es una parte necesaria de la gestión de un negocio de renta de habitaciones. Establecer criterios claros y objetivos para la aceptación de huéspedes ayuda a mantener la calidad del servicio y garantiza un ambiente armonioso y seguro para todos. Al manejar estos rechazos con profesionalismo y respeto, se puede minimizar el impacto negativo y mantener la reputación del negocio intacta.

Salida del huésped

La salida de un huésped es un proceso que requiere organización y comunicación clara para asegurar que todo se realice de manera ordenada y sin contratiempos. A continuación se detallan los pasos y consideraciones para tener en cuenta cuando un huésped finaliza su estancia y se prepara para dejar la propiedad.

AVISO DE SALIDA

El último mes del contrato es esencial para determinar si el huésped renovará su estancia o dejará la habitación. Durante este período, el administrador debe contactar al huésped para confirmar sus intenciones. Si el huésped decide no renovar el contrato, deberá notificar la fecha exacta de su salida con la debida antelación, de acuerdo con los términos establecidos en el contrato.

REVISIÓN DE LA HABITACIÓN

El día de la salida, el administrador llevará a cabo una revisión minuciosa de la habitación para asegurarse de que se encuentra en las mismas condiciones en que fue entregada al huésped. Este proceso incluye:

- **Inspección general:** Verificar que no haya daños en las paredes, el mobiliario, los electrodomésticos y otros elementos de la habitación.

- **Limpieza:** Asegurarse de que la habitación y el baño estén limpios. Especial atención se debe prestar a la ropa de cama y a la cortina de baño, que son elementos que suelen sufrir mayor desgaste.

- **Inventario:** Comprobar que todos los artículos y mobiliario incluidos en el inventario inicial están presentes y en buen estado.

CUENTAS Y DEVOLUCIÓN DEL DEPÓSITO

Una vez completada la inspección, se deben hacer las cuentas finales:

- **Cargos por limpieza:** Si la ropa de cama está sucia o la habitación requiere limpieza adicional, se descontará el costo correspondiente del depósito del huésped.

- **Daños:** Cualquier daño a la propiedad o al mobiliario también se descontará del depósito. El administrador debe tener una lista de precios para reparaciones y reemplazos, previamente acordada con los huéspedes en el contrato.

Si no hay daños ni cargos adicionales, se procederá a la devolución del depósito en su totalidad. Este proceso debe ser transparente y justo, proporcionando al huésped un desglose detallado de cualquier deducción realizada.

ENTREGA DE LLAVES

El administrador deberá recibir el juego de llaves proporcionado al huésped al inicio de su estancia. Esto incluye llaves de la habitación, de las áreas comunes y de cualquier otro acceso que se le haya otorgado. La recepción de las llaves es un paso fundamental para asegurar la seguridad del inmueble y evitar futuros inconvenientes.

HORARIOS DE SALIDA

Es importante que el huésped planifique su salida dentro de los horarios establecidos por la administración. Estos horarios deben estar claramente indicados en el contrato y recordados al huésped con suficiente antelación. Generalmente, el horario de salida es por la mañana o al mediodía, permitiendo así tiempo suficiente para que el administrador realice la inspección y cualquier limpieza o preparación necesaria antes de la llegada de un nuevo huésped.

La salida de un huésped es un proceso que, cuando se maneja con cuidado y profesionalismo, asegura una transición suave tanto para el huésped saliente como para la administración. Avisar con antelación, realizar una inspección detallada de la habitación, ajustar cuentas de manera justa y recibir las llaves de regreso son pasos esenciales para mantener la integridad del negocio y garantizar la satisfacción de todos los involucrados. Una gestión eficiente de este proceso no solo protege la propiedad, sino que también fortalece la relación con los huéspedes, dejando una buena impresión que puede traducirse en futuras recomendaciones y referencias positivas.

Control de llaves

El control de llaves es prioritario para garantizar la seguridad y el buen funcionamiento de un negocio de alquiler de habitaciones. Existen dos métodos prácticos para gestionar el acceso al inmueble: el uso de cerraduras eléctricas controladas vía internet y las cerraduras tradicionales.

CERRADURAS ELÉCTRICAS

Las cerraduras eléctricas ofrecen una solución moderna y eficiente para el control de acceso. A cada huésped se le proporciona un código de acceso tanto para la entrada principal como para su habitación o área privada. Al finalizar el contrato, se realiza un cambio en la combinación y se notifica a los demás huéspedes. Esta práctica permite un control riguroso del acceso, especialmente útil si un huésped no ha pagado o intenta seguir ocupando la habitación sin autorización, evitando que otra persona le permita el ingreso al inmueble.

La principal ventaja de las cerraduras eléctricas es la facilidad de gestión y la capacidad de mantener el control en situaciones imprevistas. Por ejemplo, si un huésped pierde su código de acceso, este se puede restablecer rápidamente sin necesidad de presencia física. Esta conveniencia es particularmente valiosa en situaciones donde los huéspedes olvidan su código fuera del horario de atención, permitiendo resolver el problema de manera remota y eficiente.

CERRADURAS TRADICIONALES

Para aquellos que prefieren un enfoque más convencional, las cerraduras tradicionales siguen siendo una opción viable. Es recomendable tener dos juegos completos de llaves para cada habitación y la entrada principal. Un juego de llaves se mantiene en poder del administrador y el otro del propietario.

Al ingresar al inmueble, cada huésped recibe un juego de llaves que incluye la entrada principal y su habitación. En caso de pérdida de las llaves, se entrega un nuevo juego una vez que el huésped haya pagado una tarifa de reposición de $150 pesos. Este método asegura que siempre haya un control de las llaves y minimiza el riesgo de duplicados no autorizados.

La desventaja principal de las cerraduras tradicionales es la logística que implica reemplazar llaves perdidas y la necesidad de acceso físico para resolver problemas, lo que puede ser inconveniente fuera de los horarios establecidos.

En conclusión, ambos métodos tienen sus ventajas y desventajas, y la elección entre cerraduras eléctricas y tradicionales dependerá de las necesidades específicas del negocio y de las preferencias de gestión. Las cerraduras eléctricas proporcionan mayor flexibilidad y control, mientras que las cerraduras tradicionales ofrecen una solución confiable y sencilla. Independientemente del método elegido, es esencial tener un plan claro y estructurado para la gestión de llaves y el control de acceso para garantizar la seguridad y el buen funcionamiento del inmueble.

Emergencias y seguridad

NÚMEROS DE EMERGENCIA

En un negocio de alquiler de habitaciones, la seguridad de los huéspedes es una prioridad. Para ello sería deseable contar con un cartel visible en un área común que incluya todos los números de emergencia importantes. Este cartel debe contener los siguientes contactos:

- Policía

- Bomberos

- Compañía eléctrica

- Cruz Roja

- Hospital más cercano (público y privado)

- Responsable de la casa

Dado que la mayoría de los huéspedes pueden ser estudiantes o trabajadores provenientes de otras partes del país o del extranjero, y no conocen a nadie en la ciudad, proporcionar esta información es un servicio invaluable que no cuesta nada y puede ser de gran ayuda en situaciones críticas. Asegúrate de actualizar periódicamente los números de contacto y verificar que estén siempre visibles y legibles.

EXTINTORES

La colocación de extintores es una prioritaria medida de seguridad contra incendios. Es crucial saber cuántos extintores colocar, dónde ubicarlos y cómo utilizarlos para garantizar la seguridad de todos los habitantes del inmueble.

CANTIDAD Y UBICACIÓN:

1. **Cocinas:** Debe haber al menos un extintor en cada cocina debido al alto riesgo de incendios por la presencia de aparatos eléctricos y de gas.

2. **Pasillos y áreas comunes:** Colocar un extintor en cada pasillo principal y en áreas comunes como la sala de estar, cerca de las salidas de emergencia.

3. **Entradas y salidas:** Colocar extintores cerca de las entradas y salidas para facilitar el acceso en caso de una evacuación rápida.

La cantidad de extintores dependerá del tamaño y el diseño del inmueble. Una recomendación general es tener un extintor por cada 100 metros cuadrados de espacio, asegurando que cada piso del inmueble esté cubierto.

Proporcionar números de emergencia y asegurarse de que los extintores estén correctamente ubicados y mantenidos son medidas esenciales para la seguridad y el bienestar de los huéspedes. Estos pasos no solo cumplen con las normativas de seguridad, sino que también crean un ambiente de confianza y cuidado, lo cual es especialmente importante para aquellos que están lejos de casa. La seguridad debe ser siempre una prioridad en la gestión de un negocio de alquiler de habitaciones.

Lavandería: uso y conveniencia

Contar con un área de lavandería es un servicio altamente valorado por los huéspedes, ya que les permite lavar su ropa en la comodidad de la casa, ahorrando tiempo y dinero. Sin embargo, para mantener la armonía y evitar conflictos, es esencial establecer normas claras y horarios de uso.

HORARIOS DE USO

Para garantizar que todos los huéspedes puedan utilizar la lavandería sin inconvenientes, se recomienda establecer horarios de uso tanto entre semana como durante los fines de semana. Esto ayudará a evitar el uso de la lavandería en horarios inapropiados, como muy temprano en la mañana, muy tarde en la noche o durante todo el día los domingos.

Horarios recomendados:

- Entre semana: de 8:00 a.m. a 8:00 p.m.

- Fines de semana: de 10:00 a.m. a 3:00 p.m.

CARTELES E INSTRUCCIONES DE USO

Es común que algunos huéspedes no estén familiarizados con el uso de lavadoras y secadoras, lo cual puede llevar a su mal uso y posible daño. Para prevenir esto, es conveniente colocar un cartel visible con las instrucciones detalladas sobre cómo usar los equipos. Además, incluir un código QR que direccione a un video tutorial puede ser una excelente manera de asegurarse de que todos los huéspedes entiendan el proceso correctamente.

CONVENIENCIA DE TENER LAVANDERÍA

Disponer de una lavandería dentro del inmueble es un gran atractivo para los posibles huéspedes, ya que les proporciona comodidad y ahorro. Este servicio puede ser un factor decisivo para aquellos que buscan una vivienda temporal o de mediana estancia.

ALTERNATIVA: CONVENIO CON LAVANDERÍA CERCANA

En caso de que la casa no pueda ofrecer este servicio por falta de espacio o por razones de conveniencia, una buena alternativa es establecer un convenio con una lavandería cercana.

Este convenio podría incluir:

- **Precios especiales:** Negociar tarifas reducidas para los huéspedes.

- **Cupones de descuento:** Ofrecer cupones de descuento para los huéspedes que utilicen regularmente los servicios de la lavandería.

- **Servicios adicionales:** Considerar la posibilidad de servicio de recogida y entrega de ropa para mayor comodidad de los huéspedes.

BENEFICIOS

Tener una lavandería en el inmueble o un convenio con una lavandería cercana aporta varios beneficios:

- **Comodidad:** Los huéspedes pueden lavar su ropa fácilmente sin necesidad de salir del inmueble.

- **Ahorro:** Los huéspedes pueden ahorrar dinero en comparación con el uso de lavanderías comerciales.

- **Atractivo:** Este servicio puede atraer a más clientes y aumentar la ocupación del inmueble.

Implementar y gestionar adecuadamente un área de lavandería es una excelente manera de mejorar la experiencia de los huéspedes. Asegurarse de que todos comprendan y respeten las normas de uso ayudará a mantener la armonía y evitar problemas. Si ofrecer este servicio no es viable, establecer un convenio con una lavandería cercana es una solución práctica que sigue beneficiando a los huéspedes.

Videovigilancia en zonas comunes: estudio de caso

Implementar un sistema de videovigilancia en las áreas comunes de un inmueble destinado a la renta por habitaciones ha demostrado ser una herramienta invaluable para mantener la armonía y seguridad. Las cámaras de vigilancia no solo disuaden comportamientos inapropiados y fuera de las normas de convivencia, sino que también facilitan la resolución de conflictos cuando estos surgen.

BENEFICIOS DE LA VIDEOVIGILANCIA

1. **Seguridad:** Las cámaras aumentan la seguridad general del inmueble, disuadiendo a los huéspedes de realizar acciones inapropiadas.

2. **Resolución de conflictos:** La videovigilancia permite obtener evidencia clara y objetiva en caso de disputas entre huéspedes.

3. **Monitoreo:** Permite al administrador monitorear el comportamiento en las áreas comunes, asegurando que todos cumplan con las normas establecidas.

4. **Prevención:** La presencia de cámaras puede prevenir actos de vandalismo, robos y otras actividades no deseadas.

ESTUDIO DE CASO: LUCERO Y MARTHA

Un caso reciente ilustra claramente la efectividad de la videovigilancia. Dos huéspedes, Lucero y Martha*, se vieron envueltas en una disputa cuando ambas se acusaron mutuamente de haber tomado pertenencias de la otra. La situación escaló cuando Lucero, en un intento de resolver el conflicto por su cuenta, ingresó a la habitación de Martha a través de la ventana.

Martha, al notar la falta de algunas de sus pertenencias, informó inmediatamente al administrador del inmueble y solicitó la revisión de las cámaras de vigilancia. Al revisar las grabaciones, se pudo identificar a Lucero cometiendo la falta.

por razones de privacidad se han cambiado los nombres de las personas involucradas

RESOLUCIÓN DEL CASO

El administrador, armado con la evidencia proporcionada por las cámaras, habló con Lucero. Durante la conversación, se le mostró la grabación y se le hizo ver la gravedad de su acción. Como consecuencia, se le solicitó que entregara la habitación y se le dio un plazo hasta el fin de semana para encontrar un nuevo lugar de hospedaje.

La instalación de cámaras de vigilancia en las zonas comunes ha probado ser una medida eficaz no solo para mantener la seguridad, sino también para abonar a la convivencia pacífica entre los huéspedes. Es importante que todos los residentes estén informados sobre la presencia de las cámaras y comprendan que su objetivo principal es proteger la seguridad y bienestar de todos.

RECOMENDACIONES PARA EL USO ESTE TIPO DE EQUIPOS:

1. **Comunicación transparente:** Informar a todos los huéspedes sobre la presencia y propósito de las cámaras de vigilancia desde el momento de su ingreso.

2. **Ubicación estratégica:** Colocar las cámaras en lugares estratégicos que cubran todas las áreas comunes sin invadir la privacidad de los huéspedes.

3. **Revisión regular:** Realizar revisiones periódicas de las grabaciones para asegurar que el sistema esté funcionando correctamente y para monitorear cualquier actividad inusual.

4. **Política de uso:** Establecer y comunicar claramente una política de uso de las grabaciones, asegurando que se utilicen exclusivamente para mantener la seguridad y resolver conflictos.

Implementar un sistema de videovigilancia, manejado con responsabilidad y transparencia, puede ser un factor para el éxito y la tranquilidad en el manejo del negocio de renta por habitaciones.

Control del estado de las habitaciones

Mantener las habitaciones en óptimas condiciones contribuye a garantizar la satisfacción de los huéspedes y la longevidad de la propiedad. Un control riguroso y regular del estado de cada habitación es una práctica esencial que debe llevarse a cabo cada vez que una habitación se desocupe. A continuación se detallan las tareas recomendadas para asegurar que las habitaciones se mantengan en excelente estado.

LIMPIEZA Y MANTENIMIENTO

Limpieza general: Después de que un huésped se va, realiza una limpieza profunda de toda la habitación. Esto incluye limpiar suelos, superficies, ventanas y cualquier otro elemento dentro de la habitación.

Retoques de pintura: Inspecciona las paredes y realiza los retoques de pintura necesarios para mantener la habitación con una apariencia fresca y limpia. Las paredes pueden sufrir desgaste con el tiempo, por lo que este paso es fundamental para preservar una estética agradable.

Revisión de ropa de cama: Examina la ropa de cama para asegurarte de que aún se encuentra en buen estado. Esto incluye sábanas, cobijas y almohadas. Reemplaza cualquier pieza que esté desgastada o dañada para garantizar la comodidad de los futuros huéspedes.

Inspección del mobiliario: Verifica que todos los muebles de la habitación estén en buenas condiciones. Esto incluye camas, mesas, sillas y armarios. Repara o reemplaza cualquier mueble que esté dañado o que ya no cumpla con los estándares de calidad.

Cortina de baño: La cortina de baño es uno de los elementos que más desgaste sufre debido a la humedad constante. Asegúrate de que esté limpia y sin moho. Reemplázala si está dañada o en mal estado.

Revisión de fugas de agua: Inspecciona todas las instalaciones de agua en el baño y en otras áreas de la habitación para asegurarte de que no haya fugas. Las fugas pueden causar daños significativos si no se atienden a tiempo.

Verificación de contactos eléctricos: Asegúrate de que todos los contactos de luz y enchufes eléctricos funcionen correctamente. Los problemas eléctricos pueden ser peligrosos y deben ser solucionados de inmediato.

MANTENIMIENTO DE ÁREAS COMUNES

Las áreas comunes del inmueble, como la cocina, el comedor y los pasillos, también requieren mantenimiento regular, aunque generalmente son más fáciles de gestionar. Aquí algunos consejos para su mantenimiento:

Avisos anticipados: Siempre avisa a los huéspedes con anticipación sobre cualquier trabajo de mantenimiento que se vaya a realizar en las áreas comunes. Esto ayuda a evitar conflictos y asegura que los huéspedes estén preparados para cualquier inconveniente temporal.

Información detallada: Informa a los huéspedes sobre el tipo de trabajos de mantenimiento que se realizarán y proporciona detalles sobre la persona o el equipo que llevará a cabo estos trabajos. Esto no solo aumenta la transparencia, sino que también ayuda a mantener la confianza de los huéspedes.

Programación regular: Programa mantenimientos regulares para las áreas comunes para evitar que se acumulen problemas. Un mantenimiento proactivo puede prevenir problemas mayores y mantener un ambiente agradable y seguro para todos los huéspedes.

El control del estado de las habitaciones y el mantenimiento de las áreas comunes son fundamentales para el éxito de un negocio de renta de habitaciones. Implementar un proceso riguroso de limpieza y mantenimiento después de cada desocupación asegura que las habitaciones se mantengan en condiciones óptimas para los nuevos huéspedes. Además, mantener a los huéspedes informados sobre los trabajos de mantenimiento en las áreas comunes ayuda a evitar conflictos y a garantizar una convivencia armoniosa. Con estas prácticas, puedes asegurarte de ofrecer un servicio de alta calidad que fomente la satisfacción y la fidelidad de los huéspedes.

Mobiliario básico en áreas comunes y habitaciones

El mobiliario adecuado es esencial para garantizar la comodidad y funcionalidad tanto en las áreas comunes como en las habitaciones de un inmueble destinado a la renta por habitaciones. A continuación se detalla el inventario básico necesario para asegurar que tanto las áreas comunes como las habitaciones estén bien equipadas.

ÁREAS COMUNES

Las áreas comunes son espacios compartidos por todos los huéspedes y deben estar equipadas para cubrir las necesidades básicas y promover un ambiente de convivencia armoniosa. El siguiente inventario cubre los artículos esenciales para las áreas comunes:

ÁREA COMÚN		
Artículo	**Cantidad**	**nota**
Refrigerador	1	
Estufa a gas o de inducción	1	
Cepillo multiusos	2	
Cubeta	2	
Cuchillos (juego)	1	
Focos	varios	*
Horno de microondas	1	
Burro para planchar	1	
Escobas	2	
Espejo decorativo	1	
Jícara	1	
Kit de cubiertos	1	
Licuadora	1	
Plancha de vapor	1	
Recogedor	1	
Tostador	1	
Trapeador	1	

Vajilla 12 piezas	1	
Vasos grandes	varios	*
Vasos pequeños	varios	*
Adhesivo de montaje	1	
Bote Basura de 135 L	1	
Cajas organizadoras (guarda utensilios)	1	
Escurridor de vajilla	1	
Juego de sartenes	1	
Purificador de agua	1	
Organizador para plancha	1	
Batería de cocina	1	
Protector de colchón	varios	*
Bancos para barra	varios	*
Lavadora LG 18 kg	1	
Casillero metálico o *Locker*	1	en caso de no tener alacena

HABITACIONES

Cada habitación debe estar equipada para proporcionar un espacio cómodo y funcional para los huéspedes. A continuación se detalla el mobiliario básico necesario para las habitaciones:

Artículo	Cantidad	Nota
Cama colchón	varios	*
Buró o mesa de noche	varios	*
Guarda-ropa o closet	varios	*
Escritorio	varios	*
Silla para escritorio	varios	*
Colchas/ Edredones	varios	*
Almohada balance	varios	*
Cojín relleno	varios	*
Sabanas juego (2 sabanas + funda)	varios	*
Persiana o cortina de tela	varios	*
Cancel o cortina de baño	varios	*
Bote de Basura de 10 Litros	varios	*
Espejo para baño	varios	*
Toallero o gancho	varios	*
depende del número de huéspedes o habitaciones		

* La cantidad de ciertos artículos depende del número de huéspedes o habitaciones.

Es fundamental mantener estos artículos en buen estado y realizar inspecciones regulares para garantizar su funcionamiento adecuado. La disponibilidad de un mobiliario completo y en buenas condiciones contribuye significativamente a la satisfacción de los huéspedes y a la eficiencia operativa del inmueble.

Expansión del negocio

En el mundo del alquiler de habitaciones amuebladas, la expansión y el crecimiento son pasos naturales hacia el éxito a largo plazo. Una estrategia clave para alcanzar este ascenso es la implementación de la "escalera financiera de crecimiento", que tiene como objetivo romper el techo de los ingresos ordinarios para aumentar la capacidad crediticia. Esta estrategia implica convertir los arrendamientos en flujos ordinarios y utilizar los ingresos de cada propiedad para obtener la siguiente hipoteca. Esta "escalera infinita" de crecimiento permite alcanzar la libertad financiera de manera progresiva.

Otra técnica fundamental es la "escalera de las hipotecas", que se realiza paso a paso y requiere paciencia y planificación. Se inicia con el registro como arrendador ante la autoridad hacendaria y la declaración de los ingresos por rentas. Después se acumulan los depósitos en cuenta bancaria y se minimizan los compromisos de pago mensuales para tener un buen reporte crediticio. Posteriormente se solicitan nuevas hipotecas con la ayuda de un bróker de confianza, aprovechando el nuevo valor generado por la rehipoteca tras haber hecho remodelaciones de mejoras a la propiedad.

Una estrategia más avanzada es el método BRRRR (Buy Rehab Rent Refinance Repeat), que implica comprar, remodelar, rentar, rehipotecar y repetir el proceso. Esta técnica permite liberar el recurso creado y atrapado en cada proyecto, utilizando el capital liberado como enganche para adquirir nuevas propiedades. Además, la consolidación y reducción de deuda son pasos importantes para mantener la estabilidad financiera a largo plazo. Esto implica realizar una auditoría de tus activos, identificar qué activos vender y cuáles conservar y utilizar las ganancias para liquidar deudas y generar más flujo positivo. En última instancia, el objetivo es vivir de tus rentas y asegurar un futuro financiero sólido.

La expansión y diversificación del negocio también son estrategias clave para el crecimiento a largo plazo. Explorar oportunidades para multiplicar y expandir el negocio puede implicar la adquisición de más propiedades o la diversificación de servicios ofrecidos, como el alquiler de espacios de *coworking* o la incorporación de servicios adicionales para los huéspedes. Al mantener una visión estratégica y estar abiertos a nuevas oportunidades, los propietarios de negocios de alquiler de habitaciones pueden asegurar un crecimiento continuo y una rentabilidad sostenible en el tiempo.

Tips prácticos para manejar situaciones y prevenir conflictos al operar un negocio de alquiler de habitaciones

a) Establece reglas claras desde el principio y comunícalas a todos los huéspedes.

b) Mantén una comunicación abierta y efectiva con los huéspedes.

c) Crea un manual que contenga todas las normas de convivencia y políticas del establecimiento.

d) Realiza un inventario detallado de los muebles y enseres de cada habitación antes de que los huéspedes lleguen.

e) Establece un sistema de seguridad para el acceso a la propiedad, como cerraduras con código o tarjetas magnéticas.

f) Proporciona información de contacto de emergencia, como números de teléfono de la policía, bomberos y servicios médicos.

g) Realiza inspecciones periódicas de las instalaciones para asegurarte de que todo esté en orden.

h) Mantén un registro de los huéspedes que se alojan en tu propiedad, incluyendo sus datos de contacto y fechas de estancia.

i) Ofrece servicios adicionales, como limpieza regular o cambio de sábanas, por un costo adicional.

j) Establece políticas claras sobre el uso de áreas comunes, como la cocina o el salón.

k) Proporciona información sobre el transporte público y lugares de interés cercanos a la propiedad.

l) Fomenta un ambiente de respeto y tolerancia entre los huéspedes.

m) Establece horarios para el uso de áreas comunes, especialmente aquellas que puedan generar ruido.

n) Proporciona un buzón de sugerencias para que los huéspedes puedan expresar sus comentarios y preocupaciones.

o) Responde rápidamente a las quejas o problemas reportados por los huéspedes.

p) Mantén un registro de las reparaciones y mantenimientos realizados en la propiedad.

q) Proporciona información sobre los horarios y el proceso de *check-in* y *check-out.*

r) Proporciona información sobre la política de cancelación y reembolso a los huéspedes.

s) Organiza eventos sociales o actividades para promover la interacción entre los huéspedes.

t) Proporciona un manual de emergencia con instrucciones sobre qué hacer en caso de incendio, terremoto u otras situaciones de emergencia.

u) Proporciona información sobre servicios de lavandería cercanos o lavadoras disponibles en la propiedad.

v) Establece un sistema de gestión de quejas y sugerencias para abordar las preocupaciones de los huéspedes de manera efectiva.

w) Establece un proceso de selección riguroso para garantizar que los nuevos huéspedes cumplan con las normas de convivencia.

x) Mantén un registro de los incidentes o problemas de seguridad reportados por los huéspedes.

y) Proporciona información sobre los recursos locales disponibles, como hospitales, farmacias y supermercados.

z) Fomenta la colaboración y el trabajo en equipo entre los huéspedes para resolver conflictos de manera constructiva.

Estos son solo algunos consejos que pueden ayudarte a manejar cualquier situación y prevenir conflictos al operar un negocio de alquiler de habitaciones. Recuerda adaptar estas sugerencias a las necesidades específicas de tu propiedad y a las regulaciones locales vigentes.

Conclusión: Alcanzando el éxito en el negocio de alquiler de habitaciones

Al llegar al final de este libro, espero que hayas encontrado inspiración, consejos prácticos y herramientas útiles para emprender y gestionar con éxito tu negocio de alquiler de habitaciones. A lo largo de estas páginas hemos explorado diversos aspectos clave que van desde la planificación inicial hasta la expansión y consolidación a largo plazo.

En el mundo del alquiler de habitaciones, la clave del éxito radica en la atención al detalle, la satisfacción del cliente y la gestión eficiente de los recursos. Hemos discutido la importancia de establecer políticas claras, mantener una comunicación efectiva con los huéspedes y mantener altos estándares de limpieza y mantenimiento. Además, hemos explorado estrategias para atraer y retener clientes, así como para diversificar y expandir tu negocio.

Recuerda que el camino hacia el éxito no siempre será fácil y que enfrentarás desafíos y obstáculos en el camino. Sin embargo, con determinación, creatividad y perseverancia, podrás superar cualquier adversidad y alcanzar tus metas empresariales.

Mantente siempre abierto a aprender y mejorar. Busca retro-alimentación de tus huéspedes y aprovecha cada experiencia como una oportunidad para crecer y evolucionar como empresario. Además, no subestimes el poder del *networking* y la colaboración con otros profesionales del sector.

En resumen, el negocio de alquiler de habitaciones ofrece una oportunidad emocionante para emprender en un mercado en constante crecimiento. Con una planificación cuidadosa, una ejecución diligente y un compromiso inquebrantable con la calidad y el servicio al cliente, estás bien encaminado para alcanzar el éxito en este apasionante campo.

¡Te deseo todo el éxito en tu viaje empresarial y espero que este libro te haya proporcionado las herramientas necesarias para alcanzar tus objetivos!

www.ingramcontent.com/pod-product-compliance
Lightning Source LLC
Chambersburg PA
CBHW071928210526
45479CB00002B/601